패턴의 법칙

스페인어

첫걸음

패턴의 법칙
스페인어 첫걸음

초 판 인 쇄	2019년 05월 27일
초 판 2 쇄	2022년 01월 01일
지 은 이	신승
펴 낸 이	임승빈
편 집 책 임	정유항, 김하진
편 집 진 행	이승연
조 판	다원기획
마 케 팅	염경용, 임원영, 김소연
펴 낸 곳	ECK북스
주 소	서울시 마포구 창전로2길 27 [04098]
대 표 전 화	02-733-9950
팩 스	02-6394-5801
홈 페 이 지	www.eckbooks.kr
이 메 일	eck@eckedu.com
등 록 번 호	제 2020-000303호
등 록 일 자	2000. 2. 15
I S B N	978-89-92281-80-5
정 가	15,000원

패턴의 법칙 스페인어 첫걸음

- 신 승 지음 -

ECK Books

지은이의 말

국제화 시대에 외국어의 중요성은 날로 증대되고 있습니다. 그중에서도 스페인어는 영어 다음으로 세계에서 많이 통용되는 외국어입니다. 최근 한국과 스페인어권 국가의 정치·외교·문화 관계가 증진됨에 따라 더욱 유용한 언어가 되고 있습니다. 다만, 영어와 다르게 스페인어는 학습자들의 자발적인 관심과 흥미로 시작하는 사람들이 많습니다. 이러한 학습자들에게 『패턴의 법칙 스페인어 첫걸음』은 스페인어에 대한 흥미를 잃지 않고 효과적으로 공부할 수 있는 길잡이가 될 것입니다.

많은 스페인어 학습자들이 첫 학습 단계부터 어려운 동사 변화로 인해 회화를 시작하기도 전에 스페인어를 포기하는 경우가 많았습니다. 『패턴의 법칙 스페인어 첫걸음』은 문법과 동사 변화로 어려워하는 학습자들을 위해서 최소한의 문법을 통해 스페인어의 문장 구조를 익히고, 하나의 동사로 표현할 수 있는 패턴부터 기초 문장으로 자연스럽게 발전할 수 있도록 단계별로 학습 내용을 준비했습니다.

『패턴의 법칙 스페인어 첫걸음』은 스페인어를 처음 접하는 학습자들에게 스페인어에 대한 기본 지식과 일상생활에서 많이 사용되는 회화 표현을 패턴 형태로 분류하여 다양한 어휘를 활용할 수 있도록 구성하였습니다. 학습한 패턴 표현을 담은 대화문을 통해 실제로 현지에서 사용되는 생생한 스페인어 회화를 익히고, 기본 패턴을 응용한 표현도 함께 공부할 수 있도록 만들었습니다. 딱딱한 문법에서 탈피하여 쉽고 빠르게 스페인어를 구사하는 방법을 이 교재를 통해 알게 되기를 바랍니다.

끝으로 좋은 교재를 출판할 기회를 주신 ECK교육 임승빈 대표님께 감사의 말씀을 전합니다. 아울러, 교재 편집을 위해 많은 아이디어를 내주신 이승연 실장님과 정유항 과장님, 최지인 매니저님, 이 교재의 녹음 작업에 함께 해주신 Adrian 선생님과 Claudia 선생님께도 감사드립니다. 늘 저의 원동력이 되어주는 연수여자고등학교와 미추홀외국어고등학교 제자들, 가족들, 마지막으로 항상 저에게 아낌없는 응원을 보내주는 남편에게 감사의 인사를 드립니다.

저자 신 승

이 책의 구성과 특징

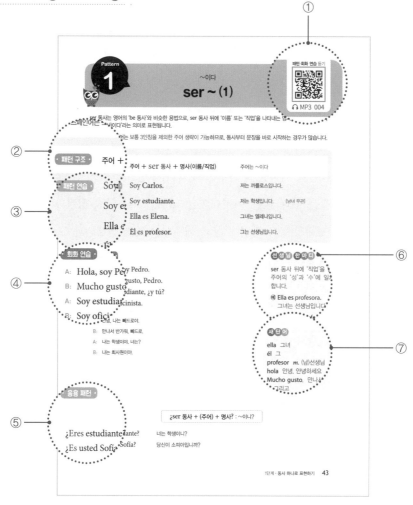

1단계 : **동사 하나로** 표현하기

처음 언어를 시작하는 기초 단계로, 짧고 간단하게 표현할 수 있는 필수 동사와 특별한 동사를 학습합니다.

2단계 : **기초 문장** 익히기

기본 단계로, 간단한 의사 표현을 위한 의문사를 비롯한 명령문, 청유문과 부정문을 학습합니다.

3단계 : **긴 문장** 익히기

1, 2단계를 응용해서 문장의 연결과 비교문을 학습하는 단계입니다. 전치사와 접속사 등을 이용해서 자연스러운 표현들을 학습해 보세요.

4단계 : **회화로** 대화하기

1, 2, 3단계를 응용해서 일상생활에서 사용되는 회화를 학습하는 단계입니다. 간단한 인사 표현부터 시간, 날씨, 방향 등의 회화 표현을 익혀 보세요.

패턴·회화 연습 듣기

🎧 MP3 012

📱 📶 **QR 코드**

스마트폰으로 QR 코드를 찍어 보세요.

패턴을 활용한 문장을 원어민의 발음으로
들을 수 있습니다.

· 패턴 구조 ·   주어 + quer
　　　　　　　　　주어 + quer

패턴 구조 패턴의 표현 구조를 익혀 보세요.
구조 형식에 맞춰 단어를 조합할 수
있도록 패턴을 공식화 했습니다.

· 패턴 연습 ·   Quiero un
　　　　　　　　　¿Quieres

패턴 연습 패턴 구조를 응용한 문장입니다.
어떤 형식의 표현으로 사용되는지 빠
른 이해를 도와줍니다. QR 코드를 스
마트폰으로 찍어서 원어민 발음도 함
께 익혀 보세요.

· 회화 연습 ·

A: ¿Quieres café?
B: No, gracias.

회화 연습 패턴 구조와 패턴 연습을 응용해서
회화에 적용해 보는 코너입니다. 일상
회화에 적용되는 자연스러운 표현을
함께 익혀 보세요.

· 응용 패턴 ·

Quiero más agua.
Ellos quieren más con

응용 패턴 패턴의 대체 표현 또는 비슷한 표현을
알려줍니다. 응용 패턴으로 다양한 표
현을 함께 학습해 보세요.

선생님 한마디

1. 의문문의 기본 어순은 「동사+
주어 ~」이지만, 평서문(주어+동
사 ~)과 동일한 어순을 쓰고, 의문

선생님 한마디 패턴 학습에 필요한 저자 선생님의 시
크릿 팁(Secret Tip)을 알려줍니다.
학습 능력을 높여 보세요.

새 단어

pizza *f.* 피자
pan *m.* 빵
café *m.* 커피

새 단어 문장의 빠른 이해를 돕기위한 새 단어
들을 품사와 함께 알려줍니다.

📱 📶 **MP3 다운로드 방법**

MP3 파일을 무료로 다운로드할 수 있습니다. QR코드를 찍으면 다운로드 페이지로
이동합니다.

* http://www.eckbooks.kr에서 MP3 파일을 무료로 다운로드할 수 있습니다.
* MP3 파일은 회원가입/로그인 후 다운로드할 수 있습니다.

| Contents |

1 동사 하나로 표현하기

· 1장 · 필수 동사로 말하기

·2장· 특별한 동사로 말하기

단계 2 기초 문장 익히기

·3장· 의문사로 말하기

· 4장 · 명령문으로 말하기

· 5장 · 청유문으로 말하기

· 6장 · 부정문으로 말하기

예비과

스페인어의 알파벳과 발음

■ 알파벳

🎧 MP3 001

스페인어는 총 27개로, 5개의 모음(a, e, i, o, u)과 22개의 자음으로 구성됩니다.

알파벳	명칭	알파벳	명칭
*A a	[a] 아	Ñ ñ	[eñe] 에녜
B b	[be] 베	*O o	[o] 오
C c	[ce] 쎄	P p	[pe] 뻬
D d	[de] 데	Q q	[cu] 꾸
*E e	[e] 에	R r	[ere] 에레
F f	[efe] 에페	S s	[ese] 에세
G g	[ge] 헤	T t	[te] 떼
H h	[hache] 아체	*U u	[u] 우
*I i	[i] 이	V v	[uve] 우베
J j	[jota] 호따	W w	[uve doble] 우베 도블레
K k	[ka] 까	X x	[equis] 에끼스
L l	[ele] 엘레	Y y	[ye] 예
M m	[eme] 에메	Z z	[zeta] 쎄따
N n	[ene] 에네	▨ : 자음 ▨ : 모음	

■ 발음

① 모음

🎧 MP3 002

5개의 모음(a, e, i, o, u) 중에는 강모음(a, e, o)과 약모음(i, u)이 있습니다.

알파벳	발음
A a	한국어의 [ㅏ] 발음이 납니다. abuelo[아부엘로] 할아버지　　amor[아모르] 사랑　　abril[아브릴] 4월
E e	한국어의 [ㅔ] 발음이 납니다. euro[에우로] 유로　　entrada[엔뜨라다] 입구　　examen[엑싸멘] 시험
I i	한국어의 [ㅣ] 발음이 납니다. invierno[인비에르노] 겨울　　internet[인떼르넷] 인터넷　　igual[이구알] 같은
O o	한국어의 [ㅗ] 발음이 납니다. octubre[옥뚜브레] 10월　　oro[오로] 금　　ocho[오쵸] 8(숫자)
U u	한국어의 [ㅜ] 발음이 납니다. uva[우바] 포도　　uno[우노] 1(숫자)　　uso[우소] 사용

② 자음

알파벳	발음
B b	한국어의 [ㅂ] 발음이 납니다. bueno[부에노] 좋은　　brazo[브라쏘] 팔　　blusa[블루사] 블라우스
C c	1. 한국어의 [ㄲ] 발음이 납니다. (ca[까], co[꼬], cu[꾸]) 　　cama[까마] 침대　　comida[꼬미다] 음식　　cuchara[꾸차라] 숟가락 2. 한국어의 [ㅆ] 발음이 납니다. (ce[쎄], ci[씨]) 　　cerdo[쎄르도] 돼지　　cita[씨따] 약속 ＊ 스페인에서는 [θ] 발음을, 중남미에서는 [ㅆ] 발음을 냅니다. 　ce, ci → θㅔ, θㅣ (스페인) / 쎄, 씨 (중남미)
D d	한국어의 [ㄷ] 발음이 납니다. dedo[데도] 손가락　　dinero[디네로] 돈　　descuento[데스꾸엔또] 할인
F f	한국어의 [ㅍ] 발음이 납니다. 영어에서의 [f] 발음과 동일합니다. familia[파밀리아] 가족　　fecha[페차] 날짜　　feliz[펠리쓰] 행복한

G g	1. 한국어의 [ㄱ] 발음이 납니다. (ga[가], go[고], gu[구])
	
	    gafas[가파스] 안경 **gordo**[고르도] 뚱뚱한 **gusto**[구스또] 기호, 기쁨, 즐거움
	
	2. 한국어의 [ㅎ] 발음이 납니다. (ge[헤], gi[히])
	
	    gigante[히간떼] 거인 **general**[헤네랄] 일반적인
	
	* 독특한 발음이 나기도 합니다.
	
	    gue[게] gui[기] güe[구에] güi[구이]

H h	묵음 (소리내지 않음) **hielo**[이엘로] 얼음 **huevo**[우에보] 달걀 **hermano**[에르마노] 남자 형제
J j	한국어의 강한 [ㅎ] 발음이 납니다. **juguete**[후게떼] 장난감 **jirafa**[히라파] 기린 **joven**[호벤] 젊은이
K k	한국어의 [ㄲ] 발음이 납니다. **kilómetro**[낄로메뜨로] 킬로미터(km) **kilogramo**[낄로그라모] 킬로그램(kg) **kiwi**[끼위] 키위 * 이 철자는 일반적으로 '외래어' 외에는 거의 사용되지 않는 철자입니다.
L l	한국어의 [ㄹ] 발음이 납니다. **libro**[리브로] 책 **leche**[레체] 우유 **luna**[루나] 달 * 'll'의 경우 'lla[야], lle[예], lli[이], llo[요], llu[유]'로 발음합니다. **lluvia**[유비아] 비 **llave**[야베] 열쇠
M m	한국어의 [ㅁ] 발음이 납니다. **mil**[밀] 1,000(숫자) **mesa**[메사] 탁자 **mujer**[무헤르] 여자, 부인
N n	한국어의 [ㄴ] 발음이 납니다. **noche**[노체] 밤 **nube**[누베] 구름 **nariz**[나리쓰] 코
Ñ ñ	한국어의 [ㄴ] 발음이 납니다. 모음과 만나면 이중모음으로 발음합니다. (ña[냐], ñe[녜], ñi[니], ño[뇨], ñu[뉴]) **pañuelo**[빠뉴엘로] 손수건 **mañana**[마냐나] 아침, 내일 **compañía**[꼼빠니아] 회사
P p	한국어의 [ㅃ] 발음이 납니다. **pared**[빠렏] 벽 **parada**[빠라다] 정류장 **pescado**[뻬스까도] 생선
Q q	한국어의 [께, 끼] 2가지 발음만 있습니다. (que[께], qui[끼]) **qué**[께] 무엇 **quiosco**[끼오스꼬] 가판대

R r	한국어의 [ㄹ] 발음이 납니다. aroma[아로마] 향기　　　pero[뻬로] 하지만　　　broma[브로마] 농담 * 단어의 첫 글자에 오거나, 단어 중간에 '-rr-'로 오는 경우는 굴리는 [ㄹ]로 발음합니다. 　perro[뻬ㄹ로] 강아지　　　rosa[ㄹ로사] 장미
S s	한국어의 [ㅅ]과 [ㅆ] 사이의 중간 발음이 납니다. sombrero[쏨브레로] 모자　　　sábado[싸바도] 토요일　　　siempre[씨엠쁘레] 항상
T t	한국어의 [ㄸ] 발음이 납니다. tomate[또마떼] 토마토　　　toalla[또아야] 수건　　　tarjeta[따르헤따] 카드
V v	한국어의 [ㅂ] 발음이 납니다. (B 발음과 동일합니다.) verano[베라노] 여름　　　verde[베르데] 초록색　　　viaje[비아헤] 여행
W w	이 철자는 '외래어'에만 쓰이며, 본래 발음대로 발음됩니다. web[웹] 웹사이트　　　whisky[위스끼] 위스키
X x	한국어의 [ㅆ] 발음이 납니다. xilófono[씰로포노] 실로폰 * 모음 뒤에 오는 경우에는 모음 발음에 [ㄱ] 받침을 함께 넣어 발음하고, 일부 지명이나 국명에서는 [ㅎ] 발음을 갖기도 합니다. 　taxi[딱씨] 택시　　　México[메히꼬] 멕시코　　　Texas[떼하스] 텍사스
Y y	한국어의 [이] 발음이 납니다. 모음과 만나면 이중모음으로 발음합니다. (ya[야], ye[예], yi[이], yo[요], yu[유]) ayer[아예르] 어제　　　Uruguay[우루과이] 우루과이　　　yo[요] 나
Z z	스페인에서는 [θ] 발음을, 중남미에서는 [ㅆ] 발음을 냅니다. zumo[쑤모] 주스　　　azúcar[아쑤까르] 설탕　　　zona[쏘나] 지역, 구역

 **강세**

 ∩ MP3 003

● 스페인어는 모든 단어에 강세가 있으며, 모음에 강세가 오게 됩니다.

● 강세의 위치에 따라 의미가 달라지는 단어도 있으므로 주의해야 합니다.

(1) 단어의 끝이 모음 또는 자음의 n, s로 끝나는 단어는 끝에서 두 번째 모음에 강세가 옵니다.

casa [까사] 집　　　　**martes** [마르떼스] 화요일　　　　**examen** [엑싸멘] 시험

(2) 단어의 끝이 n과 s를 제외한 나머지 자음으로 끝나는 단어는 끝에서 첫 번째 모음에 강세가 옵니다.

Madrid [마드릳] 마드리드　　　　**hotel** [오뗄] 호텔　　　　**reloj** [ㄹ렐로흐] 시계

(3) 이중모음인 경우

① 「약모음+강모음」 또는 「강모음+약모음」인 경우는 강모음에 강세가 옵니다.

baile [바일레] 춤　　　　**piano** [삐아노] 피아노　　　　**peine** [뻬이네] 머리빗

② 「약모음+약모음」인 경우는 뒤에 오는 약모음에 강세가 옵니다.

ruido [ㄹ루이도] 소음　　　　**triunfo** [뜨리운포] 승리

＊'강모음 + 강모음'은 이중모음이 아닙니다.

(4) 위의 규칙에서 예외가 되는 단어에는 강세 표시가 되어 있습니다.

televisión [뗄레비씨온] 텔레비전　　　**teléfono** [뗄레포노] 전화기　　　**café** [까페] 커피

③ 명사의 성과 수

■ 명사의 성

(1) 스페인어의 명사는 '남성'과 '여성'으로 구분되어 있습니다.

(2) 사람이나 동물처럼 자연적으로 성이 구분되어 있는 명사는 본래의 성을 따릅니다.

남성		여성	
amigo	남자 친구	amiga	여자 친구
gato	수고양이	gata	암고양이
chico	남자아이	chica	여자아이

① 남성형을 여성형으로 바꾸는 방법

- '-o'로 끝나는 남성명사를 '-a'로 바꾸면 여성명사가 됩니다.

  hermano 남자 형제 → hermana 여자 자매

- 자음으로 끝나는 남성명사에 '-a'를 붙이면 여성명사가 됩니다.

  profesor 남자 교수님 → profesora 여자 교수님

② 각기 다른 형태의 남성형과 여성형을 갖는 명사도 있습니다.

  rey 왕 – reina 여왕   hombre 남자 – mujer 여자

(3) 사물의 경우 남성명사는 보통 '-o'로 끝나고, 여성명사는 보통 '-a'로 끝납니다. 하지만, 모든 명사가 이를 따르는 것은 아니므로 주의해야 합니다.

남성		여성	
libro	책	cama	침대
edificio	건물	escuela	학교
cielo	하늘	cena	저녁 식사
corazón	심장	flor	꽃
pasaporte	여권	gente	사람들

(4) 남성형과 여성형의 형태가 같은 명사도 있습니다. 이러한 명사들은 지시사나 형용사, 관사 등으로 그 '성'을 구분합니다.

estudiante (남/여) 학생   pianista (남/여) 피아니스트

(5) 예외적으로 '-o'로 끝났지만 여성명사인 경우, '-a'로 끝났지만 남성명사인 경우도 있습니다.

남성		여성	
día	날, 일	mano	손
clima	기후	foto	사진
mapa	지도	moto	오토바이
idioma	언어	radio	라디오

■ 명사의 수

(1) 모음으로 끝나는 명사는 단어 끝에 '-s'를 붙여 복수형으로 만듭니다.

casa 집   →   casas 집들
coche 자동차   →   coches 자동차들

(2) 자음으로 끝나는 명사는 단어 끝에 '-es'를 붙여 복수형으로 만듭니다.

ciudad 도시   →   ciudades 도시들
ordenador 컴퓨터   →   ordenadores 컴퓨터들

* '-z'로 끝나는 명사는 '-z'를 '-c'로 바꾼 후, '-es'를 붙여 복수형으로 만듭니다.
　pez 물고기   →   peces 물고기들

(3) 단수형과 복수형에 따라 강세 표시가 달라지는 명사가 있습니다.
　① 강세 표시가 생기는 명사

examen 시험   →   exámenes 시험들
joven 젊은이   →   jóvenes 젊은이들

② 강세 표시가 사라지는 명사

autobús 버스 → autobuses 버스들

televisión 텔레비전 → televisiones 텔레비전들

(4) 예외적으로 단수형과 복수형이 동일한 명사도 있습니다. 이러한 명사들은 지시사나
형용사, 관사 등으로 단수와 복수를 구분합니다.

paraguas 우산, 우산들   cumpleaños 생일, 생일들

4 관사

■ 정관사

(1) 영어의 'the'와 비슷한 용법으로, '이미 언급된 것이나 알고 있는 것'을 말할 때 사용
됩니다.
(2) 영어와 달리 스페인어 관사는 남성형과 여성형이 있고, 복수형도 있습니다.
(3) 정관사의 형태

	단수	복수
남성	el	los
여성	la	las

el niño 남자아이   los niños 남자아이들
la niña 여자아이   las niñas 여자아이들

■ 부정관사

(1) 영어의 'a/an'과 비슷한 용법으로, '처음 언급되거나 정해지지 않은 대상'을 말할 때
씁니다.
(2) 정관사와 마찬가지로 남성형과 여성형이 있고, 복수형도 있습니다. 복수형의 경우
에는 '몇몇의'의 의미를 갖습니다.

(3) 부정관사의 형태

	단수	복수
남성	un	unos
여성	una	unas

un lápiz 연필 한 자루   unos lápices 연필 몇 자루

una casa 집 한 채   unas casas 집 몇 채

 형용사의 성과 수

스페인어의 형용사는 보통 수식하는 명사 뒤에 위치하며, 명사의 '성'과 '수'에 맞게 형태가 변화합니다.

■ '-o'로 끝나는 형용사

(1) 남성명사를 수식할 때는 그대로, 여성명사를 수식할 때는 '-o'가 '-a'로 변화합니다.

nuevo 새로운

el diccionario nuevo 새로운 사전   la noticia nueva 새로운 소식

(2) 수식하는 명사가 복수형일 경우 '-o' 또는 '-a'에 '-s'를 붙입니다.

caro 비싼

los hoteles caros 비싼 호텔들   las faldas caras 비싼 치마들

■ '-o' 이외의 모음이나 자음으로 끝나는 형용사

(1) 남성명사와 여성명사를 수식할 때 형태가 동일합니다.

grande 큰

el cuadro grande 큰 그림   la pantalla grande 큰 화면

(2) 수식하는 명사가 복수형일 경우 형용사가 자음으로 끝나면 '-es'를 붙입니다.

azul 푸른

los ojos azules 푸른 눈들   las botellas azules 푸른 병들

무조건
외우자!

① 인칭대명사

● 스페인어에서 문장의 주어가 되는 주격 인칭대명사는 다음과 같습니다.

	단수	복수
1인칭	Yo 나	Nosotros / Nosotras 우리들
2인칭	Tú 너	Vosotros / Vosotras 너희들
3인칭	Él / Ella / Usted 그 / 그녀 / 당신	Ellos / Ellas / Ustedes 그들 / 그녀들 / 당신들

⑴ 2인칭 단수 'tú'는 친한 사이의 호칭이고, 3인칭 단수 'usted'는 자신보다 나이가 많거나 처음 만나는 사이의 호칭입니다.

⑵ 'nosotros'나 'vosotros'는 '남성으로만 구성된 집단' 또는 '남녀 혼성'으로 구성된 집단을 가리키고, 'nosotras'나 'vosotras'는 '여성으로만 구성된 집단'을 가리킵니다.

⑶ 3인칭 단수 'usted'와 3인칭 복수 'ustedes'는 각각 'Ud.'와 'Uds.'로 줄여 쓸 수 있으며, 줄임말은 항상 대문자로 표기합니다.

⑷ 스페인어는 동사가 주어의 인칭에 따라 변화하기 때문에 동사를 보고 주어를 알 수 있으므로 보통 주어를 생략합니다. 단, 3인칭의 경우는 혼동을 막기 위해 주어를 써 주는 경우가 많습니다.

동사의 규칙 변화 현재형

● 스페인어의 모든 동사는 3가지의 어미(-ar, -er, -ir) 중 하나로 끝납니다.

(1) '-ar'형 동사의 어미는 다음과 같이 변화합니다.

	단수	복수
1인칭	-o	-amos
2인칭	-as	-áis
3인칭	-a	-an

· hablar (말하다)

	단수	복수
1인칭	hablo	hablamos
2인칭	hablas	habláis
3인칭	habla	hablan

(2) '-er'형 동사의 어미는 다음과 같이 변화합니다.

	단수	복수
1인칭	-o	-emos
2인칭	-es	-éis
3인칭	-e	-en

· comer (먹다)

	단수	복수
1인칭	como	comemos
2인칭	comes	coméis
3인칭	come	comen

(3) '-ir'형 동사의 어미는 다음과 같이 변화합니다.

	단수	복수
1인칭	-o	-imos
2인칭	-es	-ís
3인칭	-e	-en

• vivir (살다)

	단수	복수
1인칭	vivo	vivimos
2인칭	vives	vivís
3인칭	vive	viven

③ 스페인어의 지시사

(1) 사람이나 사물을 가리킬 때 사용하며, 지시하는 대상의 '성'과 '수'에 일치시킵니다.

(2) 지시사의 형태

	이		그		저	
	단수	복수	단수	복수	단수	복수
남성	este	estos	ese	esos	aquel	aquellos
여성	esta	estas	esa	esas	aquella	aquellas

este libro 이 책   estos libros 이 책들

esta mochila 이 배낭   estas mochilas 이 배낭들

ese plato 그 접시   esos platos 그 접시들

esa mujer 그 여자   esas mujeres 그 여자들

aquel hombre 저 남자   aquellos hombres 저 남자들

aquella camisa 저 셔츠   aquellas camisas 저 셔츠들

(3) 명사 없이 단독으로 쓰이기도 합니다.

Este es mi amigo Carlos. 이 사람은 내 친구 까를로스입니다.

(4) 지시하는 대상에 대해 잘 모르는 경우 또는 그 대상이 추상적인 경우에는 중성 지시
대명사를 씁니다.

이	그	저
esto	eso	aquello

¿Qué es esto? 이것은 무엇입니까?　　　　**¿Qué es eso?** 그것은 무엇입니까?

¿Qué es aquello? 저것은 무엇입니까?

 # 4 한눈에 보는 스페인어 숫자

■ 기수

① 기본이 되는 숫자 : 0~10

0	cero	3	tres	6	seis	9	nueve
1	uno	4	cuatro	7	siete	10	diez
2	dos	5	cinco	8	ocho		

* 숫자 '1'은 남성명사 앞에 오는 경우 'un'으로, 여성명사 앞에 오는 경우 'una'로 씁니
다. 이 규칙은 큰 단위의 숫자에도 적용됩니다.

　　un coche 자동차 한 대　　　　　　una flor 꽃 한 송이

② 무조건 외우자 : 11~15

11	once	14	catorce
12	doce	15	quince
13	trece		

③ dieci + 일의 자릿수(6, 7, 8, 9) : 16~19

16	dieciséis	18	dieciocho
17	diecisiete	19	diecinueve

④ veinti + 일의 자릿수(1, 2, 3 … 9) : 20~29

20	veinte	25	veinticinco
21	veintiuno	26	veintiséis
22	veintidós	27	veintisiete
23	veintitrés	28	veintiocho
24	veinticuatro	29	veintinueve

⑤ 십의 자릿수 + y + 일의 자릿수 : 30~99

30	treinta	70	setenta
40	cuarenta	80	ochenta
50	cincuenta	90	noventa
60	sesenta		

35 : treinta y cinco   42 : cuarenta y dos

57 : cincuenta y siete   64 : sesenta y cuatro

78 : setenta y ocho   81 : ochenta y uno

99 : noventa y nueve

⑥ 숫자 '100'은 cien입니다.

⑦ ciento + 나머지 숫자 : 101~199

단, 'y'는 십의 자리와 일의 자릿수 사이에만 씁니다.

106 : ciento seis   120 : ciento veinte

145 : ciento cuarenta y cinco

⑧ 백의 자릿수 + 나머지 숫자 : 200~999

200	doscientos	600	seiscientos
300	trescientos	700	setecientos
400	cuatrocientos	800	ochocientos
500	quinientos	900	novecientos

238 : doscientos treinta y ocho

564 : quinientos sesenta y cuatro

200~999 사이의 숫자가 명사 앞에 오면 백의 자릿수는 명사의 '성'에 일치시킵니다.

trescientos ochenta y dos libros 382권의 책

trescientas ochenta y dos chicas 382명의 여자아이들

■ 서수

첫 번째	primero/a	여섯 번째	sexto/a
두 번째	segundo/a	일곱 번째	séptimo/a
세 번째	tercero/a	여덟 번째	octavo/a
네 번째	cuarto/a	아홉 번째	noveno/a
다섯 번째	quinto/a	열 번째	décimo/a

(1) 스페인어의 서수는 형용사처럼 사용되므로 수식하는 명사의 '성'과 '수'에 일치시킵니다.

la primera clase 첫 번째 수업   el cuarto piso 네 번째 층 (4층)

(2) 'primero'와 'tercero'는 남성 단수명사 앞에 오는 경우 '-o'가 탈락합니다.

el primer día 첫째 날   el tercer piso 세 번째 층 (3층)

(3) '열한 번째'부터는 보통 기수를 대신 사용합니다.

5 시간 말하기

스페인어의 시간 표현은 '시간'과 '분' 사이에 'y'를 넣어서 시간을 말합니다. 또한, 3시 50분인 경우에는 '4시 10분 전'이라고 말하는 것이 일반적입니다.

■ 시간

1시	2시	3시	4시	5시	6시
la una	las dos	las tres	las cuatro	las cinco	las seis
7시	8시	9시	10시	11시	12시
las siete	las ocho	las nueve	las diez	las once	las doce

■ 분

정각	5분	10분	15분	20분	25분
en punto	cinco	diez	cuarto	veinte	veinticinco
30분	35분	40분	45분	50분	55분
media	treinta y cinco	cuarenta	cuarenta y cinco	cincuenta	cincuenta y cinco

① 시간 묻기

¿Qué hora es? 몇 시입니까?

② 시간 답하기 : 「ser 동사 + 여성 정관사(la/las) + 시간」

Es la una. 1시입니다.

Son las dos. 2시입니다.

* '1시'만 단수형이고 나머지 시간은 복수형입니다.

③ ~시 정각입니다 : 「기본 시간 표현 + en punto」

Es la una en punto. 1시 정각입니다.

Son las cinco en punto. 5시 정각입니다.

④ ~시 ~분입니다 : 「기본 시간 표현 + y + 분」

Es la una y cinco. 1시 5분입니다.

Son las seis y diez. 6시 10분입니다.

Son las siete y cuarto. 7시 15분입니다.

Son las nueve y media. 9시 30분입니다.

* 15분과 30분은 각각 'cuarto'와 'media'로 씁니다.

⑤ ~시 ~분 전입니다 : 「기본 시간 표현(현재 시간 보다 1시간 뒤의 시간) + menos + 분」

Es la una menos cinco. 1시 5분 전입니다. (12시 55분)

Son las ocho menos diez. 8시 10분 전입니다. (7시 50분)

⑥ '오전/오후/밤' 표현하기

• 오전 ~시입니다 : 「기본 시간 표현 + de la mañana」
  Son las siete de la mañana. 오전 7시입니다.
  Son las diez y media de la mañana. 오전 10시 30분입니다.

• 오후 ~시입니다 : 「기본 시간 표현 + de la tarde」
  Son las dos de la tarde. 오후 2시입니다.
  Son las once y cuarto de la tarde. 오후 11시 15분입니다.

• 밤 ~시입니다 : 「기본 시간 표현 + de la noche」
  Son las once de la noche. 밤 11시입니다.
  Son las doce y media de la noche. 밤 12시 30분입니다.

1단계

동사 하나로
표현하기

1장

필수 동사로
말하기

모든 언어의 문장에서 가장 핵심은 바로 '동사'입니다. 특히 스페인어에서는 주어의 인칭과 문장의 시제에 따라 동사가 변형하기 때문에 동사의 역할이 매우 중요합니다. 그중에서 가장 많이 쓰이는 동사 표현들로 패턴을 익혀 보세요.

동사 변화부터 알고 가기

패턴 1 ~ 3

· ser 동사의 직설법 현재시제 변화형

Yo 나	soy	Nosotros/as 우리들	somos
Tú 너	eres	Vosotros/as 너희들	sois
Él, Ella, Usted 그, 그녀, 당신	es	Ellos, Ellas, Ustedes 그들, 그녀들, 당신들	son

패턴 4 ~ 6

· estar 동사의 직설법 현재시제 변화형

Yo 나	estoy	Nosotros/as 우리들	estamos
Tú 너	estás	Vosotros/as 너희들	estáis
Él, Ella, Usted 그, 그녀, 당신	está	Ellos, Ellas, Ustedes 그들, 그녀들, 당신들	están

패턴 7

· llamarse 동사의 직설법 현재시제 변화형

Yo 나	me llamo	Nosotros/as 우리들	nos llamamos
Tú 너	te llamas	Vosotros/as 너희들	os llamáis
Él, Ella, Usted 그, 그녀, 당신	se llama	Ellos, Ellas, Ustedes 그들, 그녀들, 당신들	se llaman

패턴 8

· trabajar 동사의 직설법 현재시제 변화형

Yo 나	trabajo	Nosotros/as 우리들	trabajamos
Tú 너	trabajas	Vosotros/as 너희들	trabajáis
Él, Ella, Usted 그, 그녀, 당신	trabaja	Ellos, Ellas, Ustedes 그들, 그녀들, 당신들	trabajan

패턴 • 9 ~ 10

• querer 동사의 직설법 현재시제 변화형

Yo 나	quiero	Nosotros/as 우리들	queremos
Tú 너	quieres	Vosotros/as 너희들	queréis
Él, Ella, Usted 그, 그녀, 당신	quiere	Ellos, Ellas, Ustedes 그들, 그녀들, 당신들	quieren

패턴 • 11

• necesitar 동사의 직설법 현재시제 변화형

Yo 나	necesito	Nosotros/as 우리들	necesitamos
Tú 너	necesitas	Vosotros/as 너희들	necesitáis
Él, Ella, Usted 그, 그녀, 당신	necesita	Ellos, Ellas, Ustedes 그들, 그녀들, 당신들	necesitan

패턴 • 12 ~ 13

• tener 동사의 직설법 현재시제 변화형

Yo 나	tengo	Nosotros/as 우리들	tenemos
Tú 너	tienes	Vosotros/as 너희들	tenéis
Él, Ella, Usted 그, 그녀, 당신	tiene	Ellos, Ellas, Ustedes 그들, 그녀들, 당신들	tienen

패턴 • 14 ~ 16

• poder 동사의 직설법 현재시제 변화형

Yo 나	puedo	Nosotros/as 우리들	podemos
Tú 너	puedes	Vosotros/as 너희들	podéis
Él, Ella, Usted 그, 그녀, 당신	puede	Ellos, Ellas, Ustedes 그들, 그녀들, 당신들	pueden

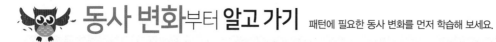

동사 변화부터 알고 가기

패턴에 필요한 동사 변화를 먼저 학습해 보세요.

패턴 17 ~ 18

· saber 동사의 직설법 현재시제 변화형

Yo 나	sé	Nosotros/as 우리들	sabemos
Tú 너	sabes	Vosotros/as 너희들	sabéis
Él, Ella, Usted 그, 그녀, 당신	sabe	Ellos, Ellas, Ustedes 그들, 그녀들, 당신들	saben

패턴 19 ~ 20

· pensar 동사의 직설법 현재시제 변화형

Yo 나	pienso	Nosotros/as 우리들	pensamos
Tú 너	piensas	Vosotros/as 너희들	pensáis
Él, Ella, Usted 그, 그녀, 당신	piensa	Ellos, Ellas, Ustedes 그들, 그녀들, 당신들	piensan

패턴 21 ~ 24

· ir 동사의 직설법 현재시제 변화형

Yo 나	voy	Nosotros/as 우리들	vamos
Tú 너	vas	Vosotros/as 너희들	vais
Él, Ella, Usted 그, 그녀, 당신	va	Ellos, Ellas, Ustedes 그들, 그녀들, 당신들	van

Pattern 1

~이다
ser ~ (1)

패턴·회화 연습 듣기

🎧 MP3 004

ser 동사는 영어의 'be 동사'와 비슷한 용법으로, ser 동사 뒤에 '이름' 또는 '직업'을 나타내는 명사를 위치시켜 '주어는 ~(명사)이다'라는 의미로 표현됩니다.

주의 스페인어는 보통 3인칭을 제외한 주어 생략이 가능하므로, 동사부터 문장을 바로 시작하는 경우가 많습니다.

· 패턴 구조 · 주어 + ser 동사 + 명사(이름/직업) 　　주어는 ~이다

· 패턴 연습 ·

Soy Carlos.	저는 까를로스입니다.
Soy estudiante.	저는 학생입니다. [남녀 무관]
Ella es Elena.	그녀는 엘레나입니다.
Él es profesor.	그는 선생님입니다.

· 회화 연습 ·

A: Hola, soy Pedro.
B: Mucho gusto, Pedro.
A: Soy estudiante, ¿y tú?
B: Soy oficinista.

A: 안녕, 나는 뻬드로야.
B: 만나서 반가워, 뻬드로.
A: 나는 학생이야, 너는?
B: 나는 회사원이야.

선생님 한 마디

ser 동사 뒤에 '직업'을 넣을 때는 주어의 '성'과 '수'에 일치시켜야 합니다.

📢 **Ella es** profesora.
그녀는 선생님입니다.

Ellos son profesores.
그들은 선생님들입니다.

새 단어

ella 그녀
él 그
profesor *m.* (남)선생님
hola 안녕, 안녕하세요
Mucho gusto. 만나서 반가워.
y 그리고
tú 너
oficinista *m. f.* 회사원

· 응용 패턴 ·

¿ser 동사 + (주어) + 명사? : ~이니?

¿Eres estudiante?　　너는 학생이니?
¿Es usted Sofía?　　당신이 소피아입니까?

Pattern 2

~하다

ser ~ (2)

패턴·회화 연습 듣기

MP3 005

ser 동사 뒤에 주어의 '성격'이나 '외모, 특징' 등을 나타내는 '형용사'가 올 경우, '주어는 ~(형용사)하다'라는 의미로 해석됩니다. 이때, 형용사는 주어의 '성'과 '수'에 일치시켜야 하는 점을 유의하세요.

패턴 구조 주어 + ser 동사 + 형용사   주어는 ~하다

패턴 연습

Soy alto.	저는 키가 큽니다.	[남성]
Soy delgada.	저는 날씬합니다.	[여성]
Eres guapa.	너는 예쁘다.	[여성]
Mis hijos son inteligentes.	나의 자녀들은 똑똑합니다.	

회화 연습

A: Mira esta foto. Esta es mi novia.

B: ¿De verdad? Ella es alta y bonita.

A: Sí, y también es amable.

B: ¡Qué envidia!

A: 이 사진 봐봐. 얘가 내 여자친구야.

B: 진짜? 그녀는 키도 크고 예쁘구나.

A: 맞아, 그리고 또 상냥해.

B: 부럽다!

선생님 한마디

alto와 같이 '-o'로 끝나는 형용사는 명사의 '성'과 '수'를 모두 일치시키고, inteligente처럼 '-o' 이외의 형용사는 '수'만 일치시킵니다.

새단어

alto/a 키가 큰, 높은
delgado/a 날씬한
guapo/a 예쁜, 멋진
hijos 아들들, 자녀들
inteligente 똑똑한
este/a 이, 이것, 이 사람
foto *f.* 사진
mi 나의
novia *f.* 여자친구, 애인
bonito/a 예쁜, 멋진
amable 친절한, 상냥한
envidiar 부러워하다

응용 패턴

(사람이 아닌)주어 + ser 동사 + 형용사 : ~하다

La ciudad es grande.   도시는 큽니다.

El edificio es moderno.   건물은 현대적입니다.

~에서 왔다
ser de ~

패턴·회화 연습 듣기

🎧 MP3 006

전치사 'de'는 여러 가지 의미가 있습니다. 그중에서 '~로부터'의 의미로 ser 동사 뒤에 오게 되면 '주어의 출신'을 나타내는 표현으로 사용됩니다. 패턴 구조는 「주어 + ser 동사 + de + 명사」로 나타내며, 명사 자리에는 '나라 이름' 또는 '도시 이름'을 넣습니다.

패턴 구조	주어 + ser 동사 + de + 명사(나라/도시 이름)	주어는 ~에서 왔다

패턴 연습		
Soy de Seúl.		저는 서울에서 왔습니다.
Soy de Corea.		저는 한국에서 왔습니다.
Somos de Madrid.		우리는 마드리드에서 왔습니다.
Pedro es de México.		뻬드로는 멕시코에서 왔습니다.

회화 연습

A: Hola, chico. Soy tu profesora.

B: Hola, profesora. Soy Minsu.
   Soy de Corea. ¿Y usted?

A: Soy Ana y soy de Barcelona.

A: 안녕, 얘야. 내가 너의 선생님이야.

B: 안녕하세요, 선생님. 저는 민수예요.
   저는 한국에서 왔어요. 선생님은요?

A: 나는 아나이고 바르셀로나에서 왔어.

선생님 한마디

나라, 도시 이름은 대문자로 표기합니다.

새 단어

Corea 한국
México 멕시코
chico *m.* 남자아이

응용 패턴

¿ser 동사 + de + (주어) + 명사? : ~에서 왔니?

¿Eres de Japón?　　　　　너는 일본에서 왔니?

¿Sois de Estados Unidos?　너희들은 미국에서 왔니?

~한 상태이다

estar ~

패턴·회화 연습 듣기

🎧 MP3 007

스페인어에는 estar 동사도 영어의 'be 동사'와 비슷한 용법을 갖습니다. estar 동사는 '현재 상태, 기분, 위치' 등을 표현하는데, 그중 '주어의 상태'를 표현하는 의미로 쓰일 때는 「주어 + estar 동사 + 형용사」로 나타내며, 형용사 자리에는 '상태'를 나타내는 단어를 주어의 '성'과 '수'에 일치시켜 넣어줍니다.

· 패턴 구조 ·	**주어 + estar 동사 + 형용사**	주어는 ~한 상태이다

· 패턴 연습 ·	Estoy feliz.	저는 행복합니다.	[남녀 무관]
	Estoy triste.	저는 슬픕니다.	[남녀 무관]
	Estoy cansado.	저는 피곤합니다.	[남성]
	Estamos ocupadas.	우리는 바쁩니다.	[여성들만]

· 회화 연습 ·

A: Ay, estoy cansado.

B: Debes descansar.

A: Sí, pero todavía estoy en la oficina.

B: ¡Qué pena!

A: 아, 피곤해.

B: 너는 좀 쉬어야 해.

A: 응, 하지만 나는 아직 사무실에 있어.

B: 안됐다!

새 단어

feliz 행복한
triste 슬픈
cansado/a 피곤한
ocupado/a 바쁜
deber ~해야 한다
descansar 쉬다
pero 하지만, 그러나
todavía 아직, 여전히
oficina *f.* 사무실
pena *f.* 슬픔, 걱정

· 응용 패턴 ·

¿estar 동사 + (주어) + 형용사? : ~하니?

¿Estás enfermo?　　　　　너 아파? [남성]

¿Está Mónica ocupada?　　모니까는 바쁘니?

~에 있다

estar en ~

패턴·회화 연습 듣기

🎧 MP3 008

estar 동사가 '주어의 위치'를 표현하는 의미로 쓰일 때는 「주어 + estar 동사 + en + 장소」로 나타냅니다. 주어는 '사람'과 '사물, 장소' 모두 가능합니다.

· 패턴 구조 · 　**주어 + estar 동사 + en + 장소**　　　주어는 ~에 있다

· 패턴 연습 ·　Estoy en **casa.**　　　　　　　저는 집에 있습니다.

　　　　　　　Estoy en **la oficina.**　　　　　저는 사무실에 있습니다.

　　　　　　　Estamos en **la biblioteca.**　　우리는 도서관에 있습니다.

　　　　　　　La llave está en **la caja.**　　　열쇠는 상자 안에 있습니다.

· 회화 연습 ·

A: ¿Estás en casa?

B: No, estoy en el parque.

A: 너는 집에 있어?

B: 아니, 나는 공원에 있어.

A: ¿Dónde está?

B: Estoy en el centro.

A: 어디에 계세요?

B: 저는 시내에 있어요.

선 생 님 한 마 디

전치사 'en'은 '~에, ~안에'의 의미를 갖습니다.

새 단 어

casa *f.* 집
biblioteca *f.* 도서관
llave *f.* 열쇠
caja *f.* 상자
parque *m.* 공원
dónde 어디에, 어디서
centro *m.* 시내, 중심가

· 응용 패턴 ·

주어 + estar 동사 + entre A y B : 주어는 A와 B 사이에 있다

Estoy entre **Juan** y **María.**　　　　　　　　저는 후안과 마리아 사이에 있습니다.

La parada está entre **la plaza** y **la tienda.**　정류장은 광장과 상점 사이에 있습니다.

Pattern 6

막 ~하려고 한다

estar a punto de ~

패턴·회화 연습 듣기

🎧 MP3 009

'estar a punto de ~'는 동사원형과 결합하여 어떠한 행위를 '막 시작하려는 찰나'를 표현할 때 사용됩니다.

패턴 구조 주어 + estar 동사 + a punto de + 동사원형 주어는 막 ~하려고 한다

패턴 연습

Estoy a punto de comer.	저는 막 식사를 하려고 합니다.
Estoy a punto de estudiar.	저는 막 공부를 하려고 합니다.
Ella está a punto de salir.	그녀는 막 외출을 하려고 합니다.
Él está a punto de cocinar.	그는 막 요리를 하려고 합니다.

회화 연습

A: ¿Qué haces?

B: Estoy a punto de cenar.

A: Vale. ¡Buen provecho!

B: Gracias.

A: 너는 뭐하고 있니?

B: 나는 막 저녁 식사를 하려고 해.

A: 알겠어. 맛있게 먹어!

B: 고마워.

새 단어

comer 먹다
estudiar 공부하다
salir 외출하다, 나가다
cocinar 요리하다
qué 무엇
hacer 하다
cenar 저녁 식사를 하다

응용 패턴

주어 + acabar 동사 + de + 동사원형 : 막 ~를 하다

Acabo de llegar. 저는 막 도착했습니다.

José acaba de partir. 호세는 막 출발했습니다.

Pattern 7

이름이 ~이다

llamarse ~

패턴·회화 연습 듣기

🎧 MP3 010

llamarse 동사는 '사람의 이름'이나 '사물' 또는 '장소의 명칭'을 나타낼 때 쓰는 동사입니다. 특히 사람 이름을 표현할 경우에는 ser 동사를 활용해서 표현할 때 보다 조금 더 공식적으로 표현할 수 있습니다.

• 패턴 구조 •   주어 + llamarse 동사 + 이름   주어는 이름이 ~이다

• 패턴 연습 •   Me llamo Luis.   제 이름은 루이스입니다.

Me llamo Alejandro.   제 이름은 알레한드로입니다.

Ese hombre se llama Jorge.   그 남자 이름은 호르헤입니다.

Esta ciudad se llama Cuzco.   이 도시 이름은 쿠스코입니다.

• 회화 연습 •

A: Esta es mi madre. Se llama Verónica.

B: Y, ¿este es tu padre?

A: No, es mi tío, Raúl.

B: Parece joven.

A: 이분이 내 어머니야. 성함은 베로니까야.

B: 그럼, 이분은 네 아버지시니?

A: 아니야, 라울 삼촌이야.

B: 젊어 보이시네.

• 선생님 한 마디 •

llamarse 동사는 '재귀동사(행위의 결과가 주어에게 되돌아오는 동사)'로 변화형은 모두 「재귀대명사(me/te/se/nos/os/se)+동사」의 형태를 갖습니다.

• 새 단어 •

ese/a 그, 그것, 그 사람
hombre *m.* 남자
ciudad *f.* 도시
madre *f.* 어머니
tu 너의
padre *m.* 아버지
tío *m.* 삼촌, 작은아버지,
　　　고모부, 이모부
parecer 보이다
joven 젊은

• 응용 패턴 •

¿Cómo + llamarse 동사 + 주어? : 주어의 이름은 무엇이니?

¿Cómo te llamas?   네 이름은 뭐니?

¿Cómo se llama usted?   성함이 어떻게 되세요?

Pattern 8

~에서 일하다

trabajar en ~

패턴·회화 연습 듣기

🎧 MP3 011

trabajar 동사는 '일하다'의 의미로 규칙 변화를 하는 동사이며, 뒤에 전치사 'en'을 덧붙여 '~에서 일하다'의 의미를 나타냅니다. 또한, 간접적으로 직업을 나타내고자 할 때도 활용할 수 있습니다.

· 패턴 구조 · 주어 + trabajar 동사 + en + 장소   주어는 ~에서 일하다

· 패턴 연습 ·

Trabajo en **un banco**.   저는 은행에서 일합니다.

Trabajo en **una escuela**.   저는 학교에서 일합니다.

Celia trabaja en **un hotel**.   쎌리아는 호텔에서 일합니다.

Fernando trabaja en **un hospital**.   페르난도는 병원에서 일합니다.

· 회화 연습 ·

A: ¿Eres médica?

B: No, soy enfermera.

A: Pues, trabajas en un hospital, ¿verdad?

B: Sí, trabajo en el hospital ABC.

A: 너는 의사니?

B: 아니야, 나는 간호사야.

A: 그럼, 병원에서 일하겠네, 맞지?

B: 응, ABC병원에서 일해.

선 생 님 한 마 디

trabajar 동사의 1인칭 단수 변화형은 'trabajo'인데, '직업, 일'을 의미하는 명사 또한 '(el) trabajo' 입니다. 철자가 같으므로 문맥에 따라 품사를 구분해 주세요.

예 Trabajo en una empresa.
저는 회사에서 일합니다. (동사)

Tengo mucho trabajo.
저는 일이 많습니다. (명사)

새 단 어

banco *m.* 은행
escuela *f.* 학교
hotel *m.* 호텔
hospital *m.* 병원
médico/a *m.f.* 의사
enfermero/a *m.f.* 간호사

· 응용 패턴 ·

주어 + trabajar 동사 + todos los días : 주어는 매일 일하다

Trabajo todos los días.   저는 매일 일합니다.

Mis padres trabajan todos los días.   부모님은 매일 일합니다.

Pattern 9

~을 원하다/사랑하다

querer ~ (1)

패턴·회화 연습 듣기

🎧 MP3 012

querer 동사는 '원하다'와 '사랑하다'의 2가지 의미를 모두 갖는 매우 유용한 동사입니다.

· 패턴 구조 ·		
	주어 + querer 동사 + 명사	주어는 ~을 원하다
	주어 + querer 동사 + a + 사람	주어는 ~을 사랑하다

· 패턴 연습 ·		
	Quiero una pizza.	저는 피자를 원합니다.
	¿Quieres pan?	너는 빵을 원하니?
	Quiero a Alfonso.	저는 알폰소를 사랑합니다.
	¿Rosa quiere a José?	로사가 호세를 사랑하니?

· 회화 연습 ·

A: ¿Quieres café?

B: No, gracias.

A: 너는 커피를 원하니?

B: 아니야, 괜찮아.

A: Marco quiere a Lucía, ¿no?

B: Sí, muchísimo.

A: 마르꼬는 루씨아를 사랑해, 아니야?

B: 응, 아주 많이.

선생님 한마디

1. 의문문의 기본 어순은 「동사+주어 ~」이지만, 평서문(주어+동사 ~)과 동일한 어순을 쓰고 '의문부호'를 붙이기도 합니다.

예) Usted es estudiante.
당신은 학생입니다.

¿Usted es estudiante?
당신은 학생입니까?

2. '너를 사랑해'는 반드시 querer 동사 앞에 직접목적대명사 'te(너를)'를 써서, 'Te quiero.'로 표현합니다.

새 단어

pizza *f.* 피자
pan *m.* 빵
café *m.* 커피

· 응용 패턴 ·

주어 + querer 동사 + más + 명사 : 주어는 ~을 더 원하다

Quiero más agua.   저는 물을 더 원합니다.

Ellos quieren más comida.   그들은 음식을 더 원합니다.

Pattern 10

~을 하고 싶다

querer ~ (2)

패턴·회화 연습 듣기

🎧 MP3 013

querer 동사 뒤에 동사원형을 사용할 경우는 '주어가 하고 싶어 하는 일'을 나타냅니다.

· 패턴 구조 · | **주어 + querer 동사 + 동사원형** | 주어는 ~을 하고 싶다

· 패턴 연습 ·

Quiero dormir.	저는 자고 싶습니다.
Quiero estar contigo.	나는 너와 함께 있고 싶어.
Queremos descansar.	우리는 쉬고 싶습니다.
Antonio quiere viajar.	안또니오는 여행을 가고 싶어 합니다.

· 회화 연습 ·

A: Ya es tarde.

B: Sí. Estoy cansado. Quiero dormir.

A: Vale. ¡Buenas noches!

B: ¡Buenas noches!

A: 이제 늦었어.

B: 응. 나는 피곤해. 자고 싶어.

A: 알겠어. 잘 자!

B: 잘 자!

선생님 한마디

querer 동사를 활용한 의문문은 상대방이 하고 싶은 일에 대해 물어보는 표현이 가능합니다.

새단어

dormir 자다
contigo 너와 함께
viajar 여행을 가다
ya 이미, 벌써
tarde 늦은

· 응용 패턴 ·

¿querer 동사 + 동사원형? : ~하기를 원하니?

¿Quieres ir?   갈래?

¿Quiere comer?   드실래요?

~이 필요하다

necesitar ~

necesitar 동사는 '필요하다'의 뜻으로, 다양한 명사를 넣어 주어가 필요로 하는 것을 표현합니다.

· 패턴 구조 · 　**주어 + necesitar 동사 + 명사**　　　주어는 ~이 필요하다

· 패턴 연습 · 　Necesito dinero.　　　　　　　　저는 돈이 필요합니다.

　　　　　　　　Necesito un lápiz.　　　　　　저는 연필 한 자루가 필요합니다.

　　　　　　　　¿Necesitas un descanso?　　　너는 휴식이 필요하니?

　　　　　　　　Necesitáis ejercicios.　　　　　너희들은 연습이 필요하다.

· 회화 연습 ·

A: ¿Necesitas un descanso?

B: Sí, estoy cansado.

A: Vale. Descansamos un rato.

B: Es buena idea.

A: 너는 휴식이 필요하니?

B: 응, 나는 피곤해.

A: 좋아. 우리 잠깐 쉬자.

B: 좋은 생각이야.

선생님 한마디

necesitar 동사 뒤에는 사물 명사 외에 사람이 오기도 합니다.

예 Necesito un doctor.
저는 의사가 필요합니다.

새 단어

dinero *m.* 돈
lápiz *m.* 연필
descanso *m.* 휴식, 쉼
ejercicio *m.* 연습
rato *m.* 잠깐, 짧은 시간
bueno/a 좋은
idea *f.* 아이디어, 생각

· 응용 패턴 ·

주어 + necesitar 동사 + más + 명사 : 주어는 ~이 더 필요하다

¿Necesita más servilletas?　　냅킨이 더 필요하신가요?

Necesito más información.　　저는 정보가 더 필요합니다.

Pattern 12

~을 가지고 있다

tener ~

패턴·회화 연습 듣기

🎧 MP3 015

tener 동사는 '주어가 ~을 가지고 있다'라는 표현을 할 때 사용하는 패턴으로, tener 동사 뒤에 다양한 명사를 넣어 주어가 소유하고 있는 것을 표현합니다.

· 패턴 구조 ·   주어 + tener 동사 + 명사   주어는 ~을 가지고 있다

· 패턴 연습 ·

Tengo una bicicleta.	저는 자전거를 가지고 있습니다.
Tengo hambre.	저는 배가 고픕니다. (직역 : 저는 배고픔을 가지고 있습니다.)
¿Tienes fiebre?	너는 열이 나니? (직역 : 너는 열을 가지고 있니?)
Tenemos una pregunta.	우리는 질문이 있습니다. (직역 : 우리는 질문을 가지고 있습니다.)

· 회화 연습 ·

A: Tengo sed.

B: Vamos a tomar algo fresco.

A: Es una buena idea.

B: Te invito.

A: 나는 목이 말라.

B: 우리 시원한 것을 마시자.

A: 그거 좋은 생각이야.

B: 내가 살게. (직역 : 너를 초대할게.)

새 단어

bicicleta *f.* 자전거
hambre *f.* 배고픔
fiebre *f.* 열
pregunta *f.* 질문
sed *f.* 목마름, 갈증
tomar 마시다
algo 무언가
fresco/a 시원한
te 너를
invitar 초대하다

· 응용 패턴 ·

주어 + tener 동사 + miedo a + 명사 : 주어는 ~에 대해 무서워하다

Tengo miedo a los perros.	저는 강아지들을 무서워합니다.
Tengo miedo a la oscuridad.	저는 어둠을 무서워합니다.

Pattern 13

~을 해야 한다

tener que ~

패턴·회화 연습 듣기

🎧 MP3 016

「tener 동사 + que ~」는 자신이 '해야 할 일/의무/계획' 등에 대해 말할 때 사용하는 패턴으로, 「tener 동사 + que」 뒤에 반드시 '동사원형'이 와야 합니다.

· 패턴 구조 ·	주어 + tener 동사 + que + 동사원형	주어는 ~을 해야 한다

· 패턴 연습 ·		
	Tengo que estudiar.	저는 공부를 해야 합니다.
	Tengo que hacer ejercicio.	저는 운동을 해야 합니다.
	Tienes que venir ahora.	너는 지금 와야 해.
	Tenemos que hablar.	우리는 얘기를 해야 합니다.

· 회화 연습 ·

A: ¿Tienes mucha tarea?

B: Sí, tengo que terminarla hasta hoy.

A: ¿Te ayudo?

B: No, gracias.

A: 숙제가 많니?

B: 응, 오늘까지 끝내야 해.

A: 도와줄까?

B: 아니야, 괜찮아.

선생님 한마디

'No, gracias.'는 사양의 표현으로 '아니요, 괜찮습니다.'의 의미를 가집니다.

새 단어

hacer ejercicio 운동하다
venir 오다
hablar 말하다
mucho/a 많은
tarea *f.* 과제, 업무
terminar 끝내다
hasta ~까지
hoy 오늘

· 응용 패턴 ·

주어 + no + tener 동사 + que + 동사원형 : 주어는 ~해서는 안 된다

No tienes que mentir.   너는 거짓말해서는 안 돼.

Usted no tiene que llegar tarde.   늦게 오시면 안 됩니다.

1단계 · 동사 하나로 표현하기   **55**

~을 할 수 있다

poder ~

패턴·회화 연습 듣기

🎧 MP3 017

poder 동사는 어떤 일을 할 수 있는 '가능성과 능력'을 표현할 때, '~을 할 수 있다'라는 의미로 표현됩니다.
poder 동사는 항상 동사원형과만 결합할 수 있습니다.

패턴 구조   주어 + poder 동사 + 동사원형   주어는 ~을 할 수 있다

패턴 연습

Puedo hacerlo.	저는 그것을 할 수 있습니다.
Puedo tocar el piano.	저는 피아노를 연주할 수 있습니다.
Manuel puede ayudarte.	마누엘이 너를 도와줄 수 있어.
Podemos partir ahora.	우리는 지금 출발할 수 있습니다.

회화 연습

A: ¡Por fin llegamos!
B: Ahora tenemos que deshacer la maleta.
A: Ay, podemos hacerlo más tarde.
B: No, chicos. No podemos perder tiempo.

A: 드디어 도착했다!
B: 이제 짐을 풀어야 해.
A: 아, 그건 나중에 할 수 있잖아.
B: 아니야, 얘들아. 머뭇거릴 시간이 없어.

선생님 한마디

poder 동사는 '허가, 허락'을 표현
할 때 사용되기도 합니다.

📝 Puedes descansar.
   너는 쉬어도 돼.

새 단어

tocar 만지다, 연주하다
piano m. 피아노
ayudar 돕다
partir 떠나다, 출발하다
por fin 마침내, 결국
llegar 도착하다
deshacer 짐을 풀다
maleta f. 가방, 트렁크
perder 잃다
tiempo m. 시간, 때

응용 패턴

(주어) + no + poder 동사 + 동사원형 : ~할 수 없다

No podéis beber.	너희들은 술을 마실 수 없다.
No puedo creerlo.	저는 그것을 믿을 수가 없습니다.

Pattern 15

~을 해도 될까요?/할 수 있나요?

¿Poder ~?

패턴·회화 연습 듣기

🎧 MP3 018

poder 동사를 의문문에 사용하면, 주어에 따라 '허락이나 동의'를 구하는 표현 또는 상대방에게 '부탁'을 하는 표현이 됩니다.

· 패턴 구조 · ¿주어 + poder 동사 + 동사원형?　　주어는 ~을 해도 될까요/할 수 있나요?

· 패턴 연습 ·

¿Puedo ir al baño?	제가 화장실을 가도 될까요?
¿Puedo devolverlo?	그것을 환불할 수 있나요?
¿Puedes llamarme?	나한테 전화해 줄 수 있니?
¿Usted puede acompañarme?	저와 동행해 주실 수 있나요?

· 회화 연습 ·

A: ¿Puedo tomar fotos aquí?

B: Sí, solo aquí se puede.

A: Vale. Gracias.

B: No hay de qué.

A: 여기서 사진 찍어도 되나요?

B: 네, 이곳에서만 가능합니다.

A: 알겠습니다. 감사합니다.

B: 천만에요.

· 새 단어 ·

ir 가다
baño *m.* 화장실
devolver 환불하다
llamar 부르다, 전화하다
acompañar 동행하다
tomar fotos 사진을 찍다
aquí 이곳, 여기
solo 오직, 오로지

· 응용 패턴 ·

¿Se puede + 동사원형? : ~할 수 있나요? (공공장소에서)

¿Se puede entrar?	들어갈 수 있나요?
¿Se puede fumar?	흡연할 수 있나요?

Pattern 16

~해 주실래요?

¿Podría ~?

패턴·회화 연습 듣기

🎧 MP3 019

「¿Podría + 동사원형?」은 공손하게 무엇인가를 부탁하는 표현을 나타내는 패턴입니다.

· 패턴 구조 · ¿Podría + 동사원형?   ~해 주실래요?

· 패턴 연습 · ¿Podría escribirlo?   그것을 써 주실래요?

¿Podría ayudarme?   저 좀 도와주실래요?

¿Podría firmar aquí?   여기에 서명해 주실래요?

¿Podría abrir la ventana?   창문 좀 열어 주실래요?

· 회화 연습 ·

A: ¿Podría ayudarme?

B: Por supuesto. Dígame.

A: Quiero llevar esto arriba.

B: Con gusto.

A: 저 좀 도와주실래요?

B: 물론이죠. 말씀하세요.

A: 이것을 위로 가져가고 싶어요.

B: 기꺼이 도와드릴게요.

선생님 한마디

podría는 poder 동사의 가능법 시제 형태로 상대방에게 정중하게 무엇인가를 부탁하거나 허락을 구할 때 사용됩니다.

새단어

escribir 쓰다
firmar 서명하다
abrir 열다
ventana *f.* 창문
llevar 가지고 가다, 데리고 가다
arriba 위로

· 응용 패턴 ·

¿Podría + 동사원형? : ~해도 될까요? (정중하게 허락을 구하는 표현)

¿Podría irme ahora?   이제 가봐도 될까요?

¿Podría preguntarle?   질문을 좀 해도 될까요?

Pattern 17

~을 알다

saber ~ (1)

패턴·회화 연습 듣기

🎧 MP3 020

saber 동사는 '알다'의 의미를 갖는 동사로 뒤에 '지식/사실/방법'과 관련된 명사를 결합하면, '어떤 지식이나 사실, 방법에 대해 안다'라는 의미의 패턴이 됩니다.

· 패턴 구조 · 주어 + saber 동사 + 명사   주어는 ~을 알다

· 패턴 연습 ·

Lo sé.	저는 그것을 압니다.
Sé su nombre.	저는 그의 이름을 압니다.
¿Sabes mi número de teléfono?	내 전화번호를 알고 있니?
¿Usted sabe catalán?	당신은 카탈루냐어를 아시나요?

· 회화 연습 ·

A: Mañana es tu cumpleaños.

B: Sí. Quiero cenar contigo.

A: Bueno. Puedo recogerte.

B: ¿Sabes mi dirección?

A: 내일이 네 생일이네.

B: 응. 너와 저녁을 먹고 싶어.

A: 좋아. 내가 너를 데리러 갈 수 있어.

B: 내 주소를 알고 있니?

선생님 한마디

스페인어의 목적격대명사는 항상 동사 앞에 위치합니다.

⑩ Lo sé.
나는 그것을 안다.

새 단어

su 그의, 그녀의, 당신의
nombre *m.* 이름
contacto *m.* 연락처
catalán *m.* 카탈루냐어
mañana 내일
cumpleaños *m.* 생일
recoger 데리러 가다
dirección *f.* 주소

· 응용 패턴 ·

주어 + no + saber 동사 + nada de + 명사 : 주어는 ~에 대해 전혀 모른다

No sé nada de eso.	저는 그것에 대해 전혀 모릅니다.
No sabemos nada de política.	우리는 정치에 대해 전혀 모릅니다.

Pattern 18

~을 할 줄 알다

saber ~ (2)

패턴·회화 연습 듣기

🎧 MP3 021

saber 동사에 동사원형을 결합하면 '어떤 일을 하기 위한 방법을 알고 있다'는 표현이 됩니다. 간접적으로 '주어의 능력'을 표현하기도 합니다.

· 패턴 구조 · 주어 + saber 동사 + 동사원형 　　 주어는 ~을 할 줄 알다

· 패턴 연습 ·

Sé nadar.	저는 수영을 할 줄 압니다.
Sé conducir.	저는 운전을 할 줄 압니다.
¿Sabes cocinar?	너는 요리를 할 줄 아니?
Miguel sabe resolverlo.	미겔은 그것을 해결할 줄 압니다.

· 회화 연습 ·

A: Quiero ir a la playa.

B: ¿Sabes nadar?

A: No, pero puedo tomar el sol.

B: Tienes razón.

A: 나는 해변에 가고 싶어.

B: 너 수영할 줄 알아?

A: 아니, 하지만 일광욕을 할 수 있잖아.

B: 네 말이 맞네.

· 새 단어 ·

nadar 수영하다
conducir 운전하다
resolver 해결하다
playa f. 해변
tomar el sol 일광욕하다

· 응용 패턴 ·

No sé si ~ o no : 나는 ~인지 아닌지 모른다

No sé si ir o no. 　　저는 가야 할지 말지 모릅니다.

No sé si él viene o no. 　　저는 그가 올지 안 올지 모릅니다.

~할 생각이다

pensar ~

패턴·회화 연습 듣기

🎧 MP3 022

pensar 동사에 동사원형을 결합하면 '~을 할 생각이다'라는 의미로 주어의 계획에 대한 표현이 됩니다.

· 패턴 구조 ·   주어 + pensar 동사 + 동사원형   주어는 ~할 생각이다

· 패턴 연습 ·   Pienso comer.   저는 식사를 할 생각입니다.

               Pienso aprender inglés.   저는 영어를 배울 생각입니다.

               Él piensa comprar un coche.   그는 차를 살 생각입니다.

               Pensamos casarnos.   우리는 결혼을 할 생각입니다.

· 회화 연습 ·

A: Hoy es día festivo. .

B: ¿Tienes algún plan?

A: Nada. Solo pienso estar en casa.

B: La casa es el mejor lugar para descansar.

A: 오늘이 휴일이네.

B: 너는 무슨 계획이 있니?

A: 아무것도 없어. 나는 그냥 집에 있을 생각이야.

B: 휴식을 취하기에는 집이 최고지.

선생님 한마디

aprender(배우다) 동사 뒤에 '언어명'이 오는 경우 관사(el)를 생략합니다.

새 단어

aprender 배우다
inglés *m.* 영어
coche *m.* 자동차
día festivo *m.* 휴일
plan *m.* 계획
mejor 가장 좋은
lugar *m.* 장소
para ~하기 위해

· 응용 패턴 ·

¿주어 + pensar 동사 + 동사원형? : 주어는 ~할 생각이니?

¿Piensas hacer una fiesta?   너는 파티를 할 생각이니?

¿Usted piensa viajar a España?   당신은 스페인으로 여행을 갈 생각인가요?

~에 대해 생각하다

pensar en ~

패턴·회화 연습 듣기

🎧 MP3 023

'생각하다'의 의미를 갖는 pensar 동사 뒤에 전치사 en(~에)을 쓰고 명사를 결합하면 '~에 대해 생각하다'라는 표현이 됩니다.

· 패턴 구조 · 주어 + pensar 동사 + en + 명사   주어는 ~에 대해 생각하다

· 패턴 연습 ·

Pienso en ti.	나는 너에 대해 생각해.
Pienso en el futuro.	저는 미래에 대해 생각합니다.
¿Piensas en el examen?	너는 시험에 대해 생각하니?
Ellos piensan en mi propuesta.	그들은 저의 제안에 대해 생각합니다.

· 회화 연습 ·

A: Estoy nervioso.

B: ¿Qué pasa?

A: Pienso en el examen final.

B: ¡Tranquilo!

A: 나는 긴장돼.

B: 무슨 일인데?

A: 기말고사에 대해 생각하거든.

B: 진정해!

선생님 한마디

주격인칭대명사 중 'yo'와 'tú'는 전치사 뒤에 올 때 형태가 각각 'mí'와 'ti'로 변합니다.

📝 Pienso en ti.
나는 너에 대해 생각해.

¿Piensas en mí?
너는 나에 대해 생각하니?

새단어

futuro *m.* 미래
examen *m.* 시험
propuesta *f.* 제안
nervioso/a 긴장한

· 응용 패턴 ·

주어 + pensar 동사 + que ~ : 주어는 ~라고 생각하다

Pienso que tienes razón.   나는 네 말이 옳다고 생각해.

Pensamos que eso es fácil.   우리는 그것이 쉽다고 생각합니다.

Pattern 21

~에 간다

ir a ~ (1)

패턴·회화 연습 듣기

🎧 MP3 024

ir 동사는 '가다'의 뜻으로, ir a 뒤에 장소를 나타내는 명사를 넣어 '주어가 ~(장소)에 간다'라는 의미를 나타냅니다.

• 패턴 구조 • 주어 + ir 동사 + a + 명사   주어는 ~에 간다

• 패턴 연습 •

Voy a casa.	저는 집에 갑니다.
Voy a la farmacia.	저는 약국에 갑니다.
¿Vas a la biblioteca?	너는 도서관에 가니?
¿Elena va al cine?	엘레나는 영화관으로 가나요?

• 회화 연습 •

A: Tienes mala cara.

B: Estoy enferma. Ahora voy al médico.

A: ¡Qué pena! Descansa bien.

B: Gracias.

A: 너 안색이 좋지 않아.

B: 나는 아파. 지금 병원에 가고 있어.

A: 이런! 푹 쉬어.

B: 고마워.

• 선생님 한마디 •

전치사 'a' 뒤에 남성 단수 정관사 'el'이 오면, 'a el'이 아닌 'al'로 반드시 줄여서 씁니다.

예 ¿Elena va a el cine? (×)
　¿Elena va al cine? (○)
　엘레나는 영화관으로 가나요?

• 새 단어 •

farmacia *f.* 약국
cine *m.* 영화관
malo/a 좋지 않은, 나쁜
cara *f.* 얼굴
bien 잘

• 응용 패턴 •

주어 + ir 동사 + a + 명사 + todos los días : 주어는 매일 ~에 간다

Voy a la plaza todos los días.   저는 매일 광장에 갑니다.

Rosa va al parque todos los días.   로사는 매일 공원에 갑니다.

Pattern 22

~을 하러 간다

ir a ~ (2)

패턴·회화 연습 듣기

🎧 MP3 025

「ir a + 동사원형」은 '~을 하러 간다'는 의미로, 주어가 어딘가로 가는 목적에 대한 표현이 됩니다.

패턴 구조 주어 + ir 동사 + a + 동사원형   주어는 ~을 하러 간다

패턴 연습
Voy a trabajar.   저는 일을 하러 갑니다.

Voy a jugar al fútbol.   저는 축구를 하러 갑니다.

¿Vas a dormir?   너는 자러 가니?

¿José va a bailar?   호세는 춤추러 가나요?

회화 연습

A: Hoy tengo una cita a ciegas.

B: ¿De verdad?

A: Sí. Por eso voy a comprar ropa nueva.

B: Disfruta tu compra.

A: 나는 오늘 소개팅을 해.

B: 정말?

A: 응. 그래서 새 옷을 사러 가는 거야.

B: 즐거운 쇼핑해.

새 단어

fútbol *m.* 축구
bailar 춤추다
cita a ciegas *f.* 소개팅
por eso 그래서
ropa *f.* 옷
nuevo/a 새로운
disfrutar 즐기다
compra 구매, 쇼핑

응용 패턴

주어 + ir 동사 + a + por + 명사 : 주어는 ~을 가지러 간다

Voy a por agua.   저는 물을 가지러 갑니다.

Voy a por la cuchara.   저는 스푼을 가지러 갑니다.

Pattern 23

~을 할 예정이다

ir a ~ (3)

패턴·회화 연습 듣기

🎧 MP3 026

「ir a + 동사원형」은 가까운 미래의 계획을 표현하는 '~을 할 예정이다'라는 의미도 있습니다. 스페인어는 미래시제 대신 이 패턴을 더 많이 사용합니다.

• 패턴 구조 •   주어 + ir 동사 + a + 동사원형   주어는 ~을 할 예정이다

• 패턴 연습 •   Voy a tomar el metro.   저는 지하철을 탈 예정입니다.

Voy a empezar pronto.   저는 곧 시작할 예정입니다.

¿Vas a ir a casa?   너는 집에 갈 예정이니?

¿Ustedes van a pedir ahora?   지금 주문하실 예정인가요?

• 회화 연습 •

A: ¡Date prisa! No tenemos tiempo.

B: Vale. Solo tengo que maquillarme.

A: Ay, va a empezar el concierto.

B: Lo siento. Voy a darme prisa.

A: 서둘러! 우리는 시간이 없어.

B: 알았어. 화장만 하면 돼.

A: 아, 콘서트 시작하겠어.

B: 미안해. 서두를게.

새 단어

metro *m.* 지하철
empezar 시작하다
pronto 곧, 금방
pedir 요구하다, 주문하다
concierto *m.* 콘서트

• 응용 패턴 •

¿주어 + no + ir 동사 + a + 동사원형? : 주어는 ~을 하지 않을 거니?

¿No vas a dormir?   너 잠 안 잘 거니?

¿Usted no va a salir del trabajo?   퇴근 안 하실 건가요?

Pattern 24

~을 하러 간다

ir de ~

'ir de' 뒤에 활동에 관한 명사가 올 경우에는 '주어가 ~을 하러 간다'는 의미로 표현됩니다.

· 패턴 구조 ·   주어 + ir 동사 + de + 명사   주어는 ~을 하러 간다

· 패턴 연습 ·
Voy de compras.   저는 쇼핑을 하러 갑니다.

Voy de vacaciones.   저는 휴가를 갑니다.

¿Vas de camping?   너는 캠핑을 하러 가니?

¿Vais de pesca?   너희들 낚시하러 가니?

· 회화 연습 ·

A: ¿Vas de compras?

B: Sí, ahora voy al centro comercial.

A: ¿Qué vas a comprar?

B: Un regalo para mi mamá.

A: 쇼핑하러 가니?

B: 응, 지금 쇼핑몰에 가고 있어.

A: 뭐 살 거야?

B: 엄마한테 드릴 선물.

· 선생님 한마디 ·

「ir de+명사」 표현과 「ir a+동사원형」은 모두 '~을 하러 가다'의 의미를 나타냅니다.

· 새 단어 ·

vacación *f.* 휴가, 방학
camping *m.* 캠핑
pesca *f.* 낚시
centro comercial *m.* 쇼핑몰
regalo *m.* 선물
mamá *f.* 엄마

· 응용 패턴 ·

주어 + ir 동사 + de + 명사 + el fin de semana : 주어는 주말에 ~을 하러 간다

Voy de paseo el fin de semana.   저는 주말에 산책을 하러 갑니다.

¿Vas de viaje el fin de semana?   너는 주말에 여행 가니?

Pattern 25

~이 있다

hay ~

패턴·회화 연습 듣기

🎧 MP3 028

hay 동사가 명사와 결합하면, '~이 있다'라는 의미를 갖습니다. 이 패턴은 무인칭 구문이므로, 동사 변화 없이 사용됩니다.

패턴 구조   Hay + 명사 (+ 장소) / (장소 +) Hay + 명사   (~에) ~이 있다

패턴 연습

Hay autobúses.	버스가 있습니다.
Hay mucha gente.	많은 사람들이 있습니다.
En Seúl hay parques.	서울에는 공원이 있습니다.
En la caja hay galletas.	상자에는 쿠키가 있습니다.

회화 연습

A: Voy a llegar tarde.

B: ¿Hay mucho tráfico?

A: Sí, lo siento mucho.

B: No hay problema. Voy a esperarte.

A: 나 늦을 것 같아.

B: 차가 막히고 있니?

A: 응, 정말 미안해.

B: 괜찮아(문제없어). 기다릴게.

선생님 한마디

장소를 나타내는 표현은 문장의 맨 앞 또는 맨 뒤에 모두 올 수 있습니다.

새단어

autobús *m.* 버스
gente *f.* 사람들
galleta *f.* 쿠키, 비스킷
tráfico *m.* 교통
problema *m.* 문제

응용 패턴

No hay + 명사 (+ 장소) : (~에) ~이 없다

No hay cambio.   잔돈이 없습니다.

No hay espacio en la mesa.   책상에 공간이 없습니다.

2장

특별한 동사로
말하기

문장의 기본 어순인 「주어+동사+목적어」를 따르지 않고, 거꾸로 「간접목적대명사+동사+주어」의 어순을 갖는 동사들을 이른바 '역구조동사'라고 합니다. 이러한 동사 중 가장 많이 사용되는 동사들을 학습해 보세요.

• 간접목적대명사

나에게	me	우리들에게	nos
너에게	te	너희들에게	os
그/그녀/당신에게	le	그들/그녀들/당신들에게	les

동사 변화부터 알고 가기 패턴에 필요한 동사 변화를 먼저 학습해 보세요.

패턴 · 1

· gustar 동사의 직설법 현재시제 변화형

Yo 나	gusto	Nosotros/as 우리들	gustamos
Tú 너	gustas	Vosotros/as 너희들	gustáis
Él, Ella, Usted 그, 그녀, 당신	gusta	Ellos, Ellas, Ustedes 그들, 그녀들, 당신들	gustan

패턴 · 2

· doler 동사의 직설법 현재시제 변화형

Yo 나	duelo	Nosotros/as 우리들	dolemos
Tú 너	dueles	Vosotros/as 너희들	doléis
Él, Ella, Usted 그, 그녀, 당신	duele	Ellos, Ellas, Ustedes 그들, 그녀들, 당신들	duelen

패턴 · 3

· parecer 동사의 직설법 현재시제 변화형

Yo 나	parezco	Nosotros/as 우리들	parecemos
Tú 너	pareces	Vosotros/as 너희들	parecéis
Él, Ella, Usted 그, 그녀, 당신	parece	Ellos, Ellas, Ustedes 그들, 그녀들, 당신들	parecen

Pattern 1

~을 좋아하다

간접목적대명사 + gustar ~

패턴·회화 연습 듣기

🎧 MP3 029

'좋아하다'의 뜻을 가진 gustar 동사는 앞에 반드시 간접목적대명사를 동반하며, 형태는 주로 3인칭 단수 'gusta'와 3인칭 복수 'gustan'을 사용합니다.

· 패턴 구조 · 간접목적대명사 + gusta + 주어(동사원형/단수명사)
~을 좋아하다 (간접목적어에게 주어가 좋은 감정을 일으키다)

· 패턴 연습 ·

Me gusta viajar.	저는 여행 가는 것을 좋아합니다.
¿Te gusta leer libros?	너는 독서하는 것을 좋아하니?
Me gusta el té verde.	저는 녹차를 좋아합니다.
¿(A usted)Le gusta esta ciudad?	당신은 이 도시를 좋아하세요?

· 회화 연습 ·

A: ¿Quieres ir a la piscina?

B: ¿Te gusta nadar?

A: Sí. ¿Y a ti?

B: Lo siento pero a mí no me gusta nadar.

A: 수영장에 갈래?

B: 너는 수영하는 거 좋아해?

A: 응. 너는?

B: 미안하지만, 나는 수영하는 거 안 좋아해.

선 생 님 한 마 디

'le/les gusta~' 패턴에서는 명확한 의미를 위해 문장 앞에 간접목적어의 중복형을 함께 써줍니다.

예) ¿(A usted)Le gusta bailar?
당신은 춤추는 것을 좋아해요?

¿(A ellos)Les gusta cantar?
그들은 노래하는 것을 좋아해요?

새 단 어

leer 읽다
libro *m.* 책
té verde *m.* 녹차

· 응용 패턴 ·

> 간접목적대명사 + gustan + 주어(복수명사) : ~을 좋아하다

Me gustan las novelas. 저는 소설들을 좋아합니다.

(A él) Le gustan los videojuegos. 그는 비디오게임들을 좋아합니다.

~이 아프다

간접목적대명사 + **doler ~**

패턴·회화 연습 듣기

🎧 MP3 030

doler 동사 역시 gustar 동사와 같은 문장 구조를 가지며, 동사 변화도 3인칭 단수형과 복수형을 주로 사용합니다.
doler 동사는 '간접목적어에게 주어가 아픔을 주다'의 의미로 대부분 '신체 부위와 관련된 명사'와 결합합니다.

· 패턴 구조 · 간접목적대명사 + duele/duelen + 주어

~이 아프다 (간접목적어에게 주어가 아픔을 주다)

· 패턴 연습 ·

Me duele la cabeza.	저는 머리가 아픕니다.
¿Te duele el estómago?	너는 배가 아프니?
Me duelen los pies.	저는 발이 아픕니다.
(A Juan) Le duelen las muelas.	후안은 어금니가 아픕니다.

· 회화 연습 ·

A: ¿Quieres ir al parque?

B: Ahora no. Me duelen los pies.

A: ¡Qué pena! ¿Tienes que ir al médico?

B: No, solo quiero descansar.

A: 공원에 갈래?

B: 지금은 안돼. 나는 발이 아파.

A: 안됐다! 병원에 가야 해?

B: 아니, 나는 그냥 쉬고 싶어.

선 생 님 한 마 디

doler 동사 뒤에 오는 신체 부위가 단수인지 복수인지에 따라 단/복수에 맞춰서 doler 동사의 변화형을 씁니다.

새 단 어

cabeza *f.* 머리
estómago *m.* 배, 위
pie *m.* 발
muela *f.* 어금니

· 응용 패턴 ·

간접목적대명사 + duele/duelen + mucho + 주어 : ~이 많이 아프다

Me duele mucho el brazo.	저는 팔이 많이 아파요.
¿Te duelen mucho los ojos?	너는 눈이 많이 아프니?

Pattern 3

~처럼 보이다

간접목적대명사 + **parecer** ~

패턴·회화 연습 듣기

🎧 MP3 031

parecer 동사는 '사물에 대한 의견'을 이야기할 때, 형용사나 부사와 결합하여 주로 사용됩니다. 이때, 형용사는 꾸며 주는 명사의 '성'과 '수'에 일치시켜야 합니다.

· 패턴 구조 · 　**주어 + 간접목적대명사 + parecer 동사 + 형용사/부사**
~처럼 보이다 (주어가 간접목적어에게 ~처럼 보이다)

· 패턴 연습 ·

Esta ropa me parece bien.	이 옷은 괜찮아 보입니다.
Esta comida me parece rica.	이 음식은 맛있어 보입니다.
¿Te parece cómoda esa silla?	너는 그 의자가 편해 보이니?
¿Te parece grande este plato?	너는 이 접시가 커 보이니?

· 회화 연습 ·

A: Quiero comprar una falda corta.

B: Aquí tiene. Está de moda.

A: Esta me parece bonita. ¿Puedo pagar con tarjeta?

B: Por supuesto.

A: 짧은 치마를 하나 사려고 합니다.

B: 여기 있습니다. 요즘 유행이에요.

A: 예뻐 보이네요. 카드로 계산해도 되나요?

B: 물론이죠.

· 선생님 한마디 ·

'역구조동사' 구문에서 주어는 보통 동사 뒤에 오지만, 'parecer 동사' 패턴처럼 간접목적대명사 앞에 오는 경우도 있습니다.

· 새단어 ·

rico/a 맛있는
cómodo/a 편한
silla *f.* 의자
grande 큰
plato *m.* 음식, 접시
falda *f.* 치마
corto/a 짧은
tarjeta *f.* 카드

· 응용 패턴 ·

Me pareces + 형용사 : 나에게 너는 ~해 보여

Me pareces **diligente.** 　　　나에게 너는 부지런해 보여.

Me pareces **simpático/a.** 　　나에게 너는 친절해 보여.

1단계 · 동사 하나로 표현하기　**73**

2 단계

기초 문장
익히기

3장

의문사로 말하기

필요한 정보를 물어볼 때 우리는 의문사를 사용해서 표현합니다. 궁금한 것은 무엇이든지 바로 물어볼 수 있도록 의문사 패턴을 익혀 보세요.

Pattern 1

무엇?/어떤?

¿Qué?

패턴·회화 연습 듣기

🎧 MP3 032

의문사 'Qué'는 스페인어에서 가장 많이 사용하는 의문사입니다. '무엇'을 의미할 때는 'Qué' 바로 뒤에 동사가 오고, '어떤'을 의미할 때는 바로 뒤에 '명사'가 옵니다.

패턴 구조

¿Qué + es~?	~은 무엇입니까?
¿Qué + 동사 + 주어?	무엇을 ~하나요?
¿Qué + 명사 + ser 동사?	어떤 ~입니까?
¿Qué + 명사 + 동사 + 주어?	어떤 명사를 ~하나요?

패턴 연습

¿Qué es esto?	이것은 무엇입니까?
¿Qué comes?	너는 무엇을 먹니?
¿Qué película es?	어떤 영화입니까?
¿Qué música escucha?	어떤 음악을 듣나요?

회화 연습

A: ¿Qué es esto?
B: Es un lápiz.

A: ¿Qué buscas?
B: Busco mis llaves.

A: 이것은 무엇인가요?
B: 연필 한 자루입니다.

A: 너는 무엇을 찾고 있니?
B: 내 열쇠를 찾고 있어.

선생님 한마디

스페인어 의문문은 문장의 맨 앞과 끝에 물음표가 오는 것이 특징입니다. 끝에는 일반 물음표(?)가 오고, 앞에는 거꾸로 된 물음표(¿)가 위치합니다.

새단어

escuchar 듣다
buscar 찾다

응용 패턴

¿Qué tipo de + 명사 + 동사 + 주어? : 어떤 유형의 ~이니?

¿Qué tipo de ropa quieres?   어떤 유형의 옷을 원하니?
¿Qué tipo de libro necesita?   어떤 유형의 책이 필요하십니까?

Pattern 2

누구?/누가?

¿Quién?

패턴·회화 연습 듣기

🎧 MP3 033

의문사 'Quién'은 '누구'라는 뜻으로, 복수형인 'Quiénes'도 있습니다. 사람을 가리켜 누구인지 물을 때 사용되며, 묻는 대상에 따라 '수'를 일치시켜 써야 합니다.

패턴 구조

¿Quién/Quiénes + ser 동사?	~은 누구입니까?
¿Quién + 동사?	누가 ~합니까?

패턴 연습

¿Quién es Alicia?	알리씨아가 누구입니까?
¿Quiénes son ellos?	그들은 누구입니까?
¿Quién presenta hoy?	오늘 누가 발표합니까?
¿Quién conduce el coche?	누가 차를 운전합니까?

회화 연습

A: ¿Quién es aquella chica?

B: Es la hermana de Lucía.

A: Es muy guapa.

B: Sí, ella es muy popular en la escuela.

A: 저 여자애는 누구니?

B: 루씨아의 여동생이야.

A: 진짜 예쁘다.

B: 맞아, 그녀는 학교에서 굉장히 인기가 많아.

선생님 한마디

정확한 정보가 없는 상태에서 '누가 ~을 하는지'를 묻는 의문문에서는 단수형인 'Quién'을 사용합니다.

새 단어

presentar 발표하다
aquello/a 저, 저 사람, 저것
hermana *f.* 자매
muy 아주, 매우
popular 인기있는

응용 패턴

> **¿Quién va a + 동사원형?** : 누가 ~ 할 예정이니?

¿Quién va a venir?	누가 올 예정입니까?
¿Quién va a cocinar?	누가 요리를 할 예정입니까?

Pattern 3

누구와 함께?

¿Con quién?

패턴·회화 연습 듣기

🎧 MP3 034

의문사 'Quién' 앞에 '~와 함께'라는 뜻을 가진 전치사 'con'을 넣으면, '누구와 함께'라는 의미를 갖습니다.

패턴 구조

¿Con quién + 동사?　　　　　　　누구와 함께 ~하나요?

패턴 연습

¿Con quién vives?	너는 누구와 함께 사니?
¿Con quién juegas al fútbol?	너는 누구와 함께 **축구**를 하니?
¿Con quién viaja usted?	당신은 누구와 함께 여행을 하나요?
¿Con quién trabaja usted?	당신은 누구와 함께 일을 하나요?

회화 연습

A: ¿Qué hace Susana?

B: Habla por teléfono.

A: ¿Con quién habla por teléfono?

B: Con sus padres.

A: 수사나는 무엇을 하고 있니?

B: 통화 중이야.

A: 누구랑 통화해?

B: 부모님이랑.

선생님 한마디

의미상 전치사가 필요한 의문문의 경우, 전치사는 의문사 앞에 위치합니다.

예) ¿Quién va?
누가 갑니까?

¿Con quién va usted?
당신은 누구와 함께 갑니까?

새 단어

vivir 살다
hablar por teléfono 통화하다
padres *m.* 부모님

응용 패턴

¿Con quién vas a + 동사원형? : 너는 누구랑 ~할 예정이니?

¿Con quién vas a tomar fotos?　　　너는 누구랑 사진을 찍을 예정이니?

¿Con quién vas a ir de compras?　　너는 누구랑 쇼핑할 예정이니?

어느 것?
¿Cuál?

패턴·회화 연습 듣기

🎧 MP3 035

의문사 'Cuál'은 '어느 것'이라는 의미로, 물어보는 사람의 입장에서 대답을 예측할 수 있는 일종의 선택지가 있는 경우에 사용됩니다. 상대방이 좋아하는 것에 대해 묻는 경우에 주로 사용되는 의문사로 복수형인 'Cuáles'도 있습니다.

패턴 구조 ¿Cuál/Cuáles + ser 동사 + 주어? ~는 어느 것입니까?/어느 것이 ~인가요?

패턴 연습

¿Cuál es su talla? 사이즈는 무엇(어느 것)입니까?

¿Cuál es el título? 제목이 무엇(어느 것)입니까?

¿Cuál es tu libro? 네 책은 어느 것이니?

¿Cuáles son los ingredientes? 재료들이 어느 것입니까?

• 회화 연습 •

A: ¿Puedo probarme esta camisa?

B: Sí. ¿Cuál es su talla?

A: Es la 38.

B: Un momento.

A: 이 셔츠 입어봐도 되나요?

B: 네. 사이즈가 무엇인가요?

A: 38입니다.

B: 잠시만요.

새 단어

talla *f.* 사이즈
título *m.* 제목, 타이틀
ingrediente *m.* 재료
camisa *f.* 셔츠

• 응용 패턴 •

¿Cuál es tu + 명사 + favorito/a? : 네가 좋아하는 ~는 어느 것이니?

¿Cuál es tu clase favorita? 네가 좋아하는 수업은 어느 것이니?

¿Cuál es tu deporte favorito? 네가 좋아하는 운동은 어느 것이니?

Pattern 5

어때? / 어떻게?

¿Cómo?

패턴·회화 연습 듣기

🎧 MP3 036

의문사 'Cómo'는 '어떻게'의 뜻으로 쓰이며, 사람의 '기분 상태, 사물의 특징, 어떤 행동을 하기 위한 수단 및 방법' 등을 물어보는 표현에 사용됩니다.

· 패턴 구조 ·

¿Cómo + estar 동사 + 주어?	~는 어떤가요?
¿Cómo + ser 동사 + 주어?	~는 어떻게 생겼나요? / ~는 어때요?

· 패턴 연습 ·

¿Cómo estás?	너는 어떻게 지내니?
¿Cómo está la comida?	식사는 어떤가요?
¿Cómo es su horario?	당신의 스케줄은 어때요?
¿Cómo es el perro de Ana?	아나의 강아지는 어떻게 생겼니?

· 회화 연습 ·

A: Hola, David. ¿Cómo estás?

B: Bien. Gracias. ¿Y tú?

A: Muy bien. Y tu nuevo trabajo, ¿cómo es?

B: Es interesante.

A: 안녕, 다비드. 잘 지내니?

B: 잘 지내. 고마워. 너는?

A: 아주 잘 지내. 새 직장은, 어때?

B: 재미있어.

선 생 님 한 마 디

안부를 표현하는 estar 동사를 사용해서 '¿Cómo estás?'라고 말하면 안부를 묻는 '잘 지내니?'의 표현이 됩니다.

새 단 어

comida *f.* 음식
horario *m.* 시간표, 스케줄
perro *m.* 강아지
trabajo *m.* 일, 직장
interesante 흥미로운, 재미있는

· 응용 패턴 ·

¿Cómo se dice ~ en español? : ~를 스페인어로 어떻게 말합니까?

¿Cómo se dice esto en español?	이것을 스페인어로 어떻게 말합니까?
¿Cómo se dice 'book' en español?	'book(책)'을 스페인어로 어떻게 말합니까?

Pattern 6

어디에?/어디에서?

¿Dónde?

패턴·회화 연습 듣기

🎧 MP3 037

'Dónde'는 길을 묻거나, 가고자 하는 장소의 위치를 묻는 경우에 많이 쓰이는 의문사로, 여행 시 활용도가 가장 높은 의문사입니다.

· 패턴 구조 ·

¿Dónde + estar 동사 + 주어?　　　~는 어디에 있나요?

¿Dónde + 동사 + 주어?　　　　　~는 어디에서 ~하나요?

· 패턴 연습 ·

¿Dónde está tu casa?　　　　　네 집은 어디에 있니?

¿Dónde está la salida?　　　　출구가 어디에 있습니까?

¿Dónde vive (usted)?　　　　　당신은 어디에서 사세요?

¿Dónde se vende esto?　　　　이것은 어디에서 팝니까?

· 회화 연습 ·

A: ¿Dónde se compra el periódico?

B: Se vende en un quiosco.

A: ¿Dónde está el quiosco?

B: Está en la Puerta del Sol.

A: 신문을 어디에서 살 수 있나요?

B: 키오스크에 팔아요.

A: 키오스크는 어디에 있어요?

B: 솔광장에 있습니다.

선생님 한마디

특정한 행사나 사건이 일어나는 장소를 물을 때는 'ser 동사'를 사용합니다.

예 ¿Dónde es la fiesta?
파티는 어디에서 하나요?

새 단어

salida *f.* 출구
periódico *m.* 신문
vender 팔다
quiosco *m.* 키오스크
　　　　(신문 가판대)

· 응용 패턴 ·

¿Dónde puedo + 동사원형? : 제가 어디에서 ~할 수 있나요?

¿Dónde puedo sacar dinero?　　　제가 어디에서 돈을 인출할 수 있습니까?

¿Dónde puedo tomar el autobús?　　제가 어디에서 버스를 탈 수 있습니까?

Pattern 7

어디로?

¿A dónde? (= ¿Adónde?)

패턴·회화 연습 듣기

🎧 MP3 038

'~로'의 의미인 전치사 'a'와 의문사 'Dónde'가 결합하여 '어디로 ~'의 뜻을 가지며, 방향을 물어볼 때 쓰는 표현이 됩니다. 주로 'ir(가다) 동사'와 함께 사용됩니다.

· 패턴 구조 ·

¿A dónde + 동사 + 주어?　　　주어는 어디로 ~하나요?

· 패턴 연습 ·

¿A dónde vas?	너는 어디로 가니?
¿A dónde fuiste?	너는 어디로 갔었니?
¿A dónde vamos?	우리는 어디로 갑니까?
¿A dónde quiere viajar?	어디로 여행을 가고 싶습니까?

· 회화 연습 ·

A: Ya estamos de vacaciones.

B: Quiero viajar.

A: ¿A dónde quieres ir?

B: A Europa.

A: 이제 우리 방학이야.

B: 여행 가고 싶다.

A: 어디로 가고 싶은데?

B: 유럽으로.

선생님 한마디

'fuiste'는 'ir(가다) 동사'의 단순 과거시제 2인칭 단수 변화형입니다.

* ir(가다) 동사 과거시제 변화형

fui	fuimos
fuiste	fuisteis
fue	fueron

새 단어

estar de vacaciones
방학중이다

· 응용 패턴 ·

¿A dónde vas para + 동사원형? : 너는 ~하기 위해 어디로 갈 생각이니?

¿A dónde vas para ir de compras?	너는 쇼핑하기 위해 어디로 갈 생각이니?
¿A dónde vas para aprender inglés?	너는 영어를 배우기 위해 어디로 갈 생각이니?

Pattern 8

어디/어디에서(부터)

¿De dónde?

패턴·회화 연습 듣기

🎧 MP3 039

의문사 'Dónde' 앞에 '~에서'의 의미인 전치사 'de'가 오면 '어디에서(부터)'의 뜻을 가지며, 국적이나 출신지를 물어보는 표현으로 자주 사용됩니다.

· 패턴 구조 ·　¿De dónde + 동사 + 주어?　　　　주어는 어디/어디에서(부터) ~하나요?

· 패턴 연습 ·　¿De dónde eres?　　　　　　　너는 어디 출신이니?

　　　　　　　¿De dónde es (usted)?　　　　당신은 어디 출신입니까?

　　　　　　　¿De dónde vienes?　　　　　　너는 어디에서(부터) 오는 길이니?

　　　　　　　¿De dónde viene esta palabra?　이 단어는 어디에서(부터) 유래했습니까?

· 회화 연습 ·

A: ¿De dónde vienes?

B: Vengo de mi oficina.

A: ¿A esta hora?

B: Sí. Tengo mucho trabajo.

A: 너는 어디에서 오는 길이야?

B: 나는 사무실에서 오는 길이야.

A: 이 시간에?

B: 응. 일이 많아.

선생님 한마디

'알다'의 의미인 'saber 동사' 뒤에 의문문을 쓰면 '~인지 알다'라는 뜻이 됩니다.

🅔 Sé de dónde es Elena.
나는 엘레나가 어디 출신인지 알아.

새 단어

palabra *f.* 단어, 말
hora *f.* 시간

· 응용 패턴 ·

> **No sé de dónde ~** : 저는 어디/어디에서(부터) ~하는지 모릅니다

No sé de dónde es ella.　　저는 그녀가 어디 출신인지 모릅니다.

No sé de dónde vienes.　　나는 네가 어디에서(부터) 오는 길인지 모른다.

2단계 · 기초 문장 익히기　**85**

언제?

¿Cuándo?

의문사 'Cuándo'는 '언제'를 의미합니다. 어떤 행동이나 행사가 이루어지는 '시간' 또는 '날짜' 등을 묻는 표현에 사용됩니다.

· 패턴 구조 ·

¿Cuándo + 동사 + 주어?   주어는 언제 ~하나요?/주어는 언제니?

· 패턴 연습 ·

¿Cuándo es la fiesta?   파티는 언제 합니까?

¿Cuándo empieza la clase?   수업은 언제 시작합니까?

¿Cuándo es tu cumpleaños?   네 생일은 언제니?

¿Cuándo termina el partido?   경기가 언제 끝납니까?

· 회화 연습 ·

A: ¿Cuándo es la presentación?
B: Empieza dentro de una hora.
A: Ya tengo que prepararla.
B: Pero necesitamos esperar a Pedro.

A: 프레젠테이션은 언제야?
B: 1시간 이내에 시작해.
A: 이제 준비해야겠네.
B: 하지만 우리는 뻬드로를 기다려야 해.

새 단어

fiesta *f.* 파티
clase *f.* 수업, 교실
partido *m.* 경기
presentación *f.* 프레젠테이션,
　　　　　　　　발표
dentro de ~이내로
esperar 기다리다

· 응용 패턴 ·

¿Desde cuándo ~? : 언제부터 ~하나요?

¿Desde cuándo está usted aquí?   당신은 언제부터 이곳에 있었습니까?

¿Desde cuándo estudias español?   너는 언제부터 스페인어를 공부하니?

Pattern 10

왜?

¿Por qué?

패턴·회화 연습 듣기

🎧 MP3 041

'Por qué'는 원인이나 이유를 묻는 의문문에 사용됩니다. 하지만, 의문사 'Por qué'가 'no'와 결합하게 되면, 상대방에게 제안하는 표현인 '~하는 게 어때?'의 새로운 의미가 됩니다.

· 패턴 구조 ·

¿Por qué + 동사 + 주어?	주어는 왜 ~하나요?
¿Por qué no + 동사 + 주어?	~하는 게 어떤가요?

· 패턴 연습 ·

¿Por qué tienes prisa?	너는 왜 서두르니?
¿Por qué sale temprano?	왜 일찍 나가십니까?
¿Por qué no vas ahora?	지금 가는 게 어떠니?
¿Por qué no come más?	더 드시는 게 어때요?

· 회화 연습 ·

A: Luis es exigente.

B: ¿Por qué piensas así?

A: Es difícil aceptar su gusto.

B: Pues creo que no.

A: 루이스는 깐깐해.

B: 왜 그렇게 생각해?

A: 그의 취향을 받아들이기가 어려워.

B: 글쎄 난 그렇게 생각하지 않아.

선생님 한마디

'¿Por qué no ~?' 패턴은 상황에 따라 '왜 ~하지 않아요?'라는 의미가 되기도 합니다.

예 ¿Por qué no haces la tarea?
너는 왜 숙제를 하지 않니?

새 단어

prisa *f.* 서두름
temprano 일찍
exigente 깐깐한
aceptar 수용하다
gusto *m.* 기호, 취향
creer 믿다, 생각하다

· 응용 패턴 ·

¿Por qué no + (1인칭 복수)동사? : 우리 ~하는 게 어때?

¿Por qué no paseamos?	우리 산책하는 게 어때?
¿Por qué no descansamos?	우리 쉬는 게 어때?

Pattern 11

얼마나?/얼마?

¿Cuánto? (1)

패턴·회화 연습 듣기

🎧 MP3 042

'Cuánto'는 수량을 나타내는 의문사로, '가격 또는 수량이 어느 정도인지 물을 때' 사용되는 활용도가 높은 단어입니다. 또한, 단순히 '¿Cuánto cuesta?(얼마입니까?)'만으로도 가격을 물을 수 있습니다.

· 패턴 구조 ·

¿Cuánto + 동사 + 주어?	주어는 얼마나 ~합니까?
¿Cuánto cuesta/cuestan + 주어?	주어는 얼마입니까?

· 패턴 연습 ·

¿Cuánto mides?	너는 키가 얼마나 되니?
¿Cuánto quiere usted?	당신은 얼마나 원하십니까?
¿Cuánto cuesta la entrada?	입장권이 얼마입니까?
¿Cuánto cuestan estas pulseras?	이 팔찌들은 얼마입니까?

· 회화 연습 ·

A: ¿Cuánto cuesta esa mochila?

B: Cuesta 10 euros.

A: Me gusta aquella verde.

B: Un momento. Voy a mostrársela.

A: 그 배낭 얼마예요?

B: 10유로입니다.

A: 저 초록색이 마음에 드네요.

B: 잠시만요. 보여드릴게요.

선생님 한마디

'¿Cuánto cuesta/cuestan ~?' 패턴에서 뒤에 오는 주어가 단수일 경우에는 'cuesta', 복수일 경우에는 'cuestan'을 사용합니다.

새단어

costar 값이 ~이다
medir 재다, 측량하다
entrada *f.* 입장권
pulsera *f.* 팔찌
mochila *f.* 배낭
verde 초록색의
mostrar 보여주다

· 응용 패턴 ·

> ¿Cuánto se tarda en + 동사원형? : ~하는 데 얼마나 걸려요?

¿Cuánto se tarda en llegar?	도착하는 데 얼마나 걸립니까?
¿Cuánto se tarda en ir al trabajo?	출근하는 데 얼마나 걸립니까?

얼마나?/몇?

¿Cuánto? (2)

의문사 'Cuánto'는 유일하게 성/수 변화를 모두 합니다. 'Cuánto' 뒤에 명사가 오게 되면 명사의 '성'과 '수'에 따라 'Cuánto/a/os/as'로 변형됩니다.

· 패턴 구조 ·

| ¿Cuánto/a/os/as + 명사 + 동사 + 주어? | 주어는 얼마나/몇 ~합니까? |

· 패턴 연습 ·

¿Cuánto dinero necesita usted?	당신은 돈이 얼마나 필요합니까?
¿Cuánta gente hay en la clase?	교실에는 몇 사람이 있습니까?
¿Cuántos idiomas hablas?	너는 몇 개의 언어를 하니?
¿Cuántas horas estudias?	너는 몇 시간이나 공부를 하니?

· 회화 연습 ·

A: ¿Cuántas maletas tiene usted?

B: Tengo solo una.

A: ¿Cuánto pesa?

B: Pesa quince kilos.

A: 캐리어가 몇 개인가요?

B: 저는 하나밖에 없어요.

A: 무게가 얼마나 되죠?

B: 15kg이에요.

· 선생님 한마디 ·

1. idioma는 '-a'로 끝나는 단어이지만, 남성명사입니다.

2. 의문사 'cuánto' 뒤에 명사가 오게 되면 '몇 개의(명사)' 또는 '얼마나 많은(명사)'을 묻는 표현이 됩니다.

· 새단어 ·

pesar 무게가 나가다
quince 15(숫자)
kilo 킬로그램(kg)

· 응용 패턴 ·

| ¿Cuántas veces + 동사 + 기간? : ~동안 몇 번이나 ~합니까? |

| ¿Cuántas veces viaja al año usted? | 당신은 1년 동안 몇 번이나 여행을 가십니까? |
| ¿Cuántas veces vas al gimnasio a la semana? | 너는 일주일 동안 몇 번이나 운동을 하러 가니? |

4장

명령문으로 말하기

명령문은 상대방에게 어떤 행동을 명령하거나 지시하는 문장입니다. 스페인어는 명령법 동사 변화형이 따로 있으며, 2인칭 단수형의 경우 긍정문과 부정문이 각각 다르게 변화합니다. 여기서는 가장 많이 쓰이는 'hacer(하다) 동사'로 명령문을 익혀 보세요.

~해라

Haz ~

패턴·회화 연습 듣기

🎧 MP3 044

스페인어의 명령법은 긍정형과 부정형이 다르므로, 문형에 따라 알맞은 동사 변화형을 써야 합니다. 'haz'는 친한 사이에서 '명령이나 지시'를 내릴 때 사용되는 표현으로, '하다'의 의미를 가진 동사 'hacer'만 가능한 패턴입니다.

· 패턴 구조 ·

Haz + 명사   ~을 해라

Haz lo que + 동사   ~한 것을 해라

· 패턴 연습 ·

Haz tu trabajo.   네 일을 해라.

Haz tu mejor esfuerzo.   최선을 다해라.

Haz lo que piensas.   네가 생각한 것을 해라.

Haz lo que te digo.   내가 너한테 말한 것을 해라.

· 회화 연습 ·

A: Hijo, ¿por qué no estudias?

B: Ay, mamá. Estoy de vacaciones.

A: ¡No! Haz tu tarea ahora mismo.

B: Vale, voy a hacerla.

A: 아들, 왜 공부 안 하니?

B: 아, 엄마. 저 방학이잖아요.

A: 안돼! 지금 당장 숙제해.

B: 알겠어요, 할게요.

· 선생님 한마디 ·

'haz'는 hacer 동사의 긍정 명령 법 2인칭 단수형입니다.

*hacer(하다) 긍정 명령법

-	hagamos
haz	haced
haga	hagan

· 새 단어 ·

esfuerzo *m.* 노력
decir 말하다
ahora mismo 지금 당장

· 응용 패턴 ·

Hazme + 명사 : 나한테 ~해줘/내가 ~하게 해줘

Hazme caso.   나한테 신경 좀 써줘.

Hazme el favor de pasar.   내가 지나갈 수 있게 해줘.

Pattern 2

~하지 마라

No hagas ~

패턴·회화 연습 듣기

🎧 MP3 045

'No hagas ~'는 친한 사이에 무언가를 하지 못하도록 할 때, '~하지 마라'라는 의미로 사용되는 패턴입니다. 이 패턴 역시 '하다'의 의미를 가진 'hacer 동사'만 가능한 패턴입니다.

· 패턴 구조 ·　　No hagas + 명사　　　　　　　　~을 하지 마라

· 패턴 연습 ·　　No hagas eso.　　　　　　　　그것을 하지 마라.

　　　　　　　　　No hagas nada.　　　　　　　아무것도 하지 마라.

　　　　　　　　　No hagas ruido.　　　　　　　시끄럽게 하지 마라.

　　　　　　　　　No hagas bromas.　　　　　　농담하지 마라.

· 회화 연습 ·

A: Me duele la cabeza.

B: ¿Tienes fiebre?

A: Un poco.

B: Tienes que descansar. No hagas nada.

A: 나는 머리가 아파.

B: 열이 있니?

A: 조금.

B: 너는 쉬어야 할 것 같아. 아무것도 하지 마.

선 생 님 한 마 디

hacer 동사의 2인칭 단수 명령형은 'haz'이지만, 부정 명령문에서는 'hagas'로 씁니다.

새 단 어

eso 그것
nada 아무것도
ruido *m.* 소음
broma *f.* 농담

· 응용 패턴 ·

> No me hagas + 명사/동사원형 : 나를 ~하게 하지 마/나한테 ~하지마

No me hagas llorar.　　　　나를 울게 하지 마.

No me hagas preguntas.　　나한테 묻지 마.

Pattern 3

~하세요

Haga ~

'Haga ~'는 처음 보는 사이 또는 격식이 있는 자리에서 지시나 부탁을 할 때 '~하세요'라는 의미로, 안내문이나 지시 사항 등에도 자주 쓰이는 명령형입니다. 이 패턴 역시 '하다'의 의미를 가진 'hacer 동사'만 가능한 패턴입니다.

패턴 구조	Haga + 명사	~하세요

패턴 연습	Haga clic aquí.	이곳을 클릭하세요.
	Haga ejercicio.	운동을 하세요.
	Haga la maleta.	짐을 챙기세요.
	Haga un pedido.	주문을 하세요.

회화 연습

A: ¿De qué es esta corbata?

B: Es de seda.

A: ¿Cómo puedo lavarla?

B: Haga la limpieza en seco.

A: 이 넥타이는 무엇으로 만들어졌나요?

B: 실크예요.

A: 어떻게 세탁하죠?

B: 드라이클리닝 하세요.

선생님 한마디

1. 'haga'는 hacer 동사의 긍정 명령법 3인칭 단수형입니다.

*hacer(하다) 동사 긍정 명령법

-	hagamos
haz	haced
haga	hagan

2. 'hacer la maleta'는 '가방을 꾸리다'는 의미의 관용표현입니다.

새단어

pedido *m.* 주문
corbata *f.* 넥타이
seda *f.* 실크
lavar 씻다, 세탁하다
limpieza en seco *f.* 드라이클리닝

응용 패턴

 Hágame ~ : 저에게 ~해 주세요

Hágame la foto. 제 사진을 찍어 주세요.

Hágame un descuento. 저에게 할인을 해주세요.

~하지 마세요

No haga ~

패턴·회화 연습 듣기

🎧 MP3 047

'No haga ~'는 3인칭 단수에 해당하는 상대방에게 어떤 행위를 하지 못하게 할 때 '~하지 마세요'라는 의미로, 강한 어조로 말하는 경우에는 어색한 분위기가 될 수 있으므로 유의하세요.

· 패턴 구조 · No haga + 명사   ~을 하지 마세요

· 패턴 연습 ·

No haga **mal**.   괴롭히지 마세요.

No haga **burla**.   놀리지 마세요.

No haga **ruido**.   시끄럽게 하지 마세요.

No haga **más llamadas**.   더 이상 전화하지 마세요.

· 회화 연습 ·

A: Señora, aquí es un espacio público.

B: Ah, perdón.

A: No haga ruido.

B: Entiendo. Lo siento.

A: 아주머니, 여기는 공공장소입니다.

B: 아, 죄송합니다.

A: 시끄럽게 하지 마세요.

B: 알겠습니다. 죄송합니다.

새 단어

mal 좋지 않은, 나쁜
burla *f.* 조롱, 우롱
llamada *f.* 전화, 통화
señora 아주머니, 여사님
espacio público *m.* 공공장소
entender 이해하다

· 응용 패턴 ·

No me haga + 명사/동사원형 : 저를 ~하게 하지 마세요

No me haga **daño**.   저를 아프게 하지 마세요.

No me haga **enfadar**.   저를 화나게 하지 마세요.

5장

청유문으로 말하기

청유문은 상대방에게 어떤 행동을 함께하기를 요청하는 문장으로 스페인어에서 주로 사용되는 청유문 패턴 2가지를 익혀 보세요.

Pattern 1

~하자/합시다

Vamos a ~

패턴·회화 연습 듣기

🎧 MP3 048

'Vamos a ~'는 상대방에게 함께 하기를 요청할 때, '~하자/합시다'라는 의미로 사용되는 패턴입니다. vamos는 ir 동사의 1인칭 복수 변화형이고, ir 동사는 '가다'의 의미가 있지만, 청유문으로 쓸 때 '우리 ~하자/합시다'라는 표현이 됩니다.

· 패턴 구조 ·

Vamos a + 동사원형   ~하자/합시다

· 패턴 연습 ·

Vamos a pensar.	생각해 봅시다.
Vamos a esperar.	기다립시다.
Vamos a empezar.	시작합시다.
Vamos a salir ahora.	지금 떠나자.

· 회화 연습 ·

A: Vamos a empezar.

B: Pero tenemos que esperar a José.

A: ¡Ay! Él siempre llega tarde.

B: ¡Allí viene!

A: 시작하자.

B: 하지만 호세를 기다려야 해.

A: 아! 그는 항상 늦게 와.

B: 저기 온다!

· 선생님 한 마디 ·

'보다'라는 의미의 'ver 동사'를 'Vamos a ~'와 결합하면 '~를 보자'의 의미가 됩니다.

· 새 단어 ·

siempre 항상
allí 저기, 저쪽에서

· 응용 패턴 ·

Vamos a ver + 명사 : ~ 좀 보자

Vamos a ver el precio.	가격 좀 보자.
Vamos a ver la muestra.	샘플 좀 보자.

Pattern 2

~하는 게 어때?

¿Qué tal si ~?

패턴·회화 연습 듣기

🎧 MP3 049

'¿Qué tal si ~?'는 상대방에게 제안과 동시에 함께 하기를 요청할 때, '~하는 게 어때?'라는 의미로 사용되는 패턴입니다. '¿Qué tal si ~?' 뒤에는 주로 '우리들'을 주어로 하는 1인칭 복수형 동사를 사용합니다.

· 패턴 구조 ·	¿Qué tal si + 1인칭 복수형 동사?	(우리) ~하는 게 어때?

· 패턴 연습 ·	¿Qué tal si comemos?	(우리) 밥 먹는 게 어때?
	¿Qué tal si descansamos?	(우리) 쉬는 게 어때?
	¿Qué tal si lo compramos?	(우리) 그것을 사는 게 어때?
	¿Qué tal si tomamos el taxi?	(우리) 택시 타는 게 어때?

· 회화 연습 ·

A: Hoy no tengo clase.

B: ¿Tienes algún plan?

A: Pues, no.

B: ¿Qué tal si vemos la película?

A: 나 오늘 수업 없어.

B: 무슨 계획 있어?

A: 글쎄, 없어.

B: 우리 영화 보는 게 어때?

선생님 한마디

'¿Qué tal si ~?' 다음에 2인칭이나 3인칭 단수형 동사가 오는 경우에는 상대방에게 무언가 해보기를 권유하는 표현이 됩니다.

새 단어

ver 보다

· 응용 패턴 ·

¿Qué tal si + 2인칭 단수형 동사? : ~해 보는 게 어떠니?

¿Qué tal si vas al médico?   병원에 가 보는 게 어떠니?

¿Qué tal si pruebas el queso?   치즈를 먹어 보는 게 어떠니?

2단계 · 기초 문장 익히기 **99**

6장

부정문으로 말하기

스페인어에서의 부정문은 평서문 속에 부정어를 추가하는 형태
입니다. 자주 쓰이는 부정어를 바탕으로 부정문을 익혀 보세요.

~하지 않다/~가 아니다

no

패턴·회화 연습 듣기

🎧 MP3 050

스페인어의 부정문은 기본적으로 동사 앞에 'no'를 쓰고, 영어와 같은 축약형이 없습니다.

패턴 구조

주어 + no + 동사   ~하지 않다/~가 아니다

패턴 연습

No estoy bien.	저는 잘 지내지 않습니다.
No me gusta la tele.	저는 TV를 좋아하지 않습니다.
¿No vas al parque?	너는 공원에 안 가니?
Ellos no son estudiantes.	그들은 학생이 아닙니다.

회화 연습

A: ¿Qué tal si vamos a la playa?

B: ¿Para qué?

A: Para nadar.

B: No me gusta nadar.

A: 우리 해변가는 게 어때?

B: 뭐 하려고?

A: 수영하려고.

B: 나는 수영하는 거 안 좋아해.

선생님 한마디

의문문에 대한 부정의 대답을 할 경우에는 'no'가 2번 쓰이기도 합니다.

A: ¿Eres de Corea?
B: No, no soy de Corea.
A: 너는 한국에서 왔니?
B: 아니, 나는 한국에서 오지 않았어.

새 단어

tele *f.* 텔레비전(TV)
estudiante *m.f.* 학생

응용 패턴

> **No hay + 명사** : ~이 없다

No hay diferencia.	차이가 없습니다.
No hay otra manera.	다른 방법이 없습니다.

아무것도/전혀 ~않다

nada

패턴·회화 연습 듣기

🎧 MP3 051

'nada'는 부정어로써, 단독으로 사용될 경우 사물을 대상으로 부정의 의미를 더해주는 표현이 됩니다. 또한 형용사나 부사와 결합해서 '전혀 ~않다'는 의미로도 사용됩니다.

· 패턴 구조 ·

No + 동사 + nada   아무것도 ~않다

No es nada + 형용사/부사   전혀 ~않다

· 패턴 연습 ·

No **sé** nada.   저는 아무것도 모릅니다(알고 있지 않습니다).

No **quiero** nada.   저는 아무것도 원하지 않습니다.

No es nada **difícil**.   전혀 어렵지 않습니다.

No es nada **importante**.   전혀 중요하지 않습니다.

· 회화 연습 ·

A: Me duele el estómago.

B: ¿Qué te pasa?

A: No sé, pero no es nada grave.

B: Menos mal.

A: 나 배가 아파.

B: 무슨 일이야?

A: 모르겠어, 하지만 심각한 건 아니야.

B: 다행이다.

선생님 한마디

'nada'가 동사 뒤에 오는 경우에는 동사 앞에 반드시 'no'를 한 번 더 사용해야 합니다.

새 단어

difícil 어려운
importante 중요한
grave 심각한, 중대한

· 응용 패턴 ·

No tengo nada de + 명사 : 나는 ~을 전혀 가지고 있지 않다

No tengo nada de **dinero**.   저는 돈을 전혀 가지고 있지 않습니다.

No tengo nada de **miedo**.   저는 전혀 두렵지 않습니다.

Pattern 3

아무도 ~않다

nadie

패턴·회화 연습 듣기

🎧 MP3 052

'nadie'는 사람을 대상으로 부정의 의미를 더해주는 표현으로, 목적어 자리에 오는 경우에는 반드시 앞에 전치사 'a'를 위치시켜 표현합니다.

패턴 구조	Nadie ~	아무도 ~않다
	주어 + no + 동사 + a nadie	주어는 아무도/아무에게도 ~않다

패턴 연습		
	Nadie lo sabe.	아무도 그것을 모릅니다(알고 있지 않습니다).
	Nadie es perfecto.	아무도 완벽하지 않습니다.
	No hagas entrar a nadie.	아무도 들어오지 않게 해라.
	No quiero hablar a nadie.	저는 아무에게도 말하고 싶지 않습니다.

· 회화 연습 ·

A: La Química no es fácil de estudiar.

B: Tienes razón.

A: Nadie puede pasar el examen.

B: Tenemos que estudiar mucho.

A: 화학은 공부하기가 쉽지 않아(어려워).

B: 네 말이 맞아.

A: 아무도 시험에 통과하지 못할 거야.

B: 우리는 열심히 공부해야 해.

선 생 님 한 마 디

스페인어는 문장에서 부정어가 중복되어도 이중 부정, 즉 긍정이 되지 않습니다.

새 단 어

perfecto/a 완벽한
Química f. 화학
fácil 쉬운
pasar 통과하다, 보내다

· 응용 패턴 ·

> **No hay nadie en ~ : ~에 아무도 없다**

No hay nadie en casa.   집에 아무도 없습니다.

No hay nadie en la clase.   교실에 아무도 없습니다.

~도 하지 않다

tampoco

패턴·회화 연습 듣기

🎧 MP3 053

'tampoco'는 부정문에서 '역시, 또한'의 의미로, 앞에서 언급한 내용과 동일한 내용을 한 번 더 말할 때 사용됩니다.

· 패턴 구조 ·

주어 + tampoco + 동사
주어 + no + 동사 + tampoco

주어는 ~도 하지 않다

· 패턴 연습 ·

Tampoco lo veo.	저는 그것도 보지 않았습니다.
Tampoco puedo ir.	저도 갈 수 없습니다.
No lo creo tampoco.	저도 그걸 믿지 않습니다.
No quiero comer tampoco.	저도 먹고 싶지 않습니다.

· 회화 연습 ·

A: Ana no me habla nada.

B: ¿Está enfadada contigo?

A: Creo que sí. Tampoco me saluda.

B: ¡Qué raro!

A: 아나가 나랑 말을 안 해.

B: 너한테 화난 거야?

A: 그런 것 같아. 나한테 인사조차도 안 해.

B: 이상하다!

선 생 님 한 마 디

2가지 요소를 모두 부정하는 내용을 표현할 때는 '하지만'을 의미하는 접속사 'pero'를 씁니다.

새 단 어

enfadado/a 화난
estar enfadado/a con ~
~에게 화가 나다
me 나에게
saludar 인사를 하다

· 응용 패턴 ·

no ~ pero tampoco ~ : ~도 아닌데 ~도 아니다

Él no es pobre, pero tampoco rico.	그는 가난하지도 않지만, 부자도 아닙니다.
Eso no es bueno, pero tampoco malo.	그것은 좋은 것도 아닌데, 나쁘지도 않습니다.

3단계

긴 문장
익히기

7장

전치사로 말하기

전치사는 단독으로는 쓰일 수 없지만, 다른 단어 앞에서 단어 간의 관계를 나타내주는 중요한 역할을 합니다. 스페인어에는 다양한 전치사들이 있는데, 그중 자주 쓰이는 전치사를 활용해 패턴형 문장을 익혀 보세요.

~에/~에서
en (1)

전치사 'en'은 뒤에 장소와 결합해서 '주어가 그 장소에 있거나 위치한다'는 의미로 사용됩니다. 또한 주어가 그 장소에서 어떤 행위를 하는지를 표현하기도 합니다.

패턴 구조

estar 동사 + en + 장소　　　　　~에 있다

동사 + en + 장소　　　　　~에서 ~을 하다

패턴 연습

Estoy en casa.　　　　　저는 집에 있습니다.

Julio está en el jardín.　　　　　훌리오는 정원에 있습니다.

Trabajo en un banco.　　　　　저는 은행에서 일합니다.

Los niños juegan en el parque.　　　　　아이들이 공원에서 놉니다.

회화 연습

A: ¿Dónde estás?

B: Estoy en Sevilla.

A: 너는 어디에 있니?

B: 나는 세비야에 있어.

A: ¿Qué hace tu madre?

B: Duerme en la habitación.

A: 너의 어머니께서는 뭐 하시니?

B: 방에서 주무셔.

선생님 한마디

주어의 장소나 위치를 나타내는 경우에는 주로 estar 동사와 함께 사용합니다.

새 단어

habitación *f.* 방

응용 패턴

En + 월(月) + 동사 : ~월에 ~을 하다

En enero regreso a Corea.　　　　　1월에 저는 한국으로 돌아갑니다.

En julio queremos ir a la playa.　　　　　7월에 우리는 해변에 가고 싶습니다.

~로 (교통수단)

en (2)

🎧 MP3 055

전치사 'en' 뒤에 '교통수단'이 결합되면, 주어가 이용한 교통수단을 나타냅니다.

• 패턴 구조 • 동사 + en + 교통수단   ~로 ~하다

• 패턴 연습 • Viajo en avión.   저는 비행기로 여행을 합니다.

Ellos van en metro.   그들은 지하철로 갑니다.

Te llevo en coche a tu casa.   집까지 차로 데려다줄게.

Ana va a trabajar en bicicleta. 아나는 자전거로 직장에 갑니다.

• 회화 연습 •

A: ¿Adónde vas?

B: Voy a trabajar.

A: ¿Cómo vas?

B: Voy en taxi.

A: 너는 어디 가니?

B: 나는 일하러 가.

A: 어떻게 가니?

B: 택시로 가.

선 생 님 한 마 디

도보 이동인 경우에는 'a pie(걸어
서)'라는 표현을 사용합니다.

예 Voy a pie.
저는 걸어갑니다.

새 단 어

avión   *m.* 비행기

• 응용 패턴 •

¿Cómo se llega a + 장소 + en + 교통수단? : ~로 ~에 어떻게 가나요?

¿Cómo se llega a la escuela en metro?   지하철로 학교에 어떻게 가나요?

¿Cómo se llega a Granada en autobús?   버스로 그라나다에 어떻게 가나요?

Pattern 3

~로/~에

a

패턴·회화 연습 듣기

🎧 MP3 056

전치사 'a'는 여러 가지 의미가 있지만, 가장 많이 쓰이는 의미는 '방향'을 뜻하는 '~로'입니다. 이동 또는 움직임과 관련된 동사와 함께 사용되며 '주어의 이동 방향'을 표현합니다.

패턴 구조		
venir 동사 + a + 장소	~로/에 오다	
llevar 동사 + a + 사람 + a + 장소	~로/에 ~을 데려가다	

패턴 연습

¿Vienes a mi oficina?	내 사무실로 오니?
Ellos vienen a Ecuador.	그들은 에콰도르에 옵니다.
Llevo a Rosa a mi casa.	우리 집으로 로사를 데려갑니다.
¿Lleva a su novio a la fiesta?	애인을 파티에 데려가세요?

회화 연습

A: Mucha gente viene a la isla Jeju.

B: Es cierto. Pero no sé por qué.

A: Porque es famosa por su bello paisaje.

B: Algún día quiero ir también.

A: 제주도에는 많은 사람이 찾아와.

B: 맞아. 그런데 이유를 모르겠어.

A: 아름다운 경치가 유명해서 그래.

B: 언젠가 나도 가보고 싶다.

선생님 한마디

'~로 (사물)을 가지고 가다'의 의미는 「llevar 동사+사물+a+장소」로 표현합니다.

⑩ Llevo el coche a mi trabajo.
저는 직장에 차를 가지고 갑니다.

새단어

isla *f.* 섬
cierto/a 정확한, 맞는
famoso/a 유명한
bello/a 아름다운
algún día 언젠가
también 역시, 또한

응용 패턴

주어 + estar 동사 + a + 거리 + de aquí : ~는 여기서부터 ~거리에 있다

El mercado está a cien metros de aquí.　　시장은 여기서부터 100m 거리에 있습니다.

Esa ciudad está a cinco kilómetros de aquí.　그 도시는 여기서부터 5km 거리에 있습니다.

4

~로/~와 함께

con

패턴·회화 연습 듣기

🎧 MP3 057

전치사 'con'은 뒤에 오는 사람과 결합해서 '동반'의 의미를 갖습니다. 또한 사물과 결합하면 '~을 가지고'의 의미로 '수단 또는 도구'의 의미를 나타냅니다.

· 패턴 구조 ·

동사 + con + 사물	~로 ~하다
동사 + con + 사람	~와 함께 ~하다

· 패턴 연습 ·

Escribo con lápiz.	저는 연필로 글을 씁니다.
¿Trabajas con ordenador?	너는 컴퓨터로 일을 하니?
Estudio con Alejandro.	저는 알레한드로와 함께 공부합니다.
Ella va al cine con su novio.	그녀는 애인과 함께 영화관에 갑니다.

· 회화 연습 ·

A: ¿Con quién estás?

B: Estoy con mi hermano.

A: Pues, ¿vas a cenar con él?

B: Tal vez.

A: 너는 누구랑 함께 있니?

B: 나는 남동생과 함께 있어.

A: 그럼, 그 애와 함께 저녁 먹을 거야?

B: 아마도.

선생님 한마디

'나와 함께'는 'conmigo'를 사용하고 '너와 함께'는 'contigo'를 사용합니다.

🗨 ¿Vas conmigo?
나와 함께 갈래?

Quiero ir contigo.
나는 너와 함께 가고 싶어.

새 단어

hermano *m.* 남자 형제

· 응용 패턴 ·

Me llevo bien/mal con ~ : 나는 ~와 마음이 잘 맞는다/맞지 않는다

Me llevo bien con mi jefe. 저는 제 상사와 마음이 잘 맞습니다.

Me llevo mal con mi hermana. 저는 제 여동생과 마음이 맞지 않습니다.

Pattern 5

~의
de (1)

패턴·회화 연습 듣기

🎧 MP3 058

명사 A와 B의 소유관계를 나타낼 때 전치사 'de'를 써서 '~의'로 표현합니다.

· 패턴 구조 ·

| 명사 + de + 소유자 | ~의 |
| 주어 + ser 동사 + de + 명사 | ~는 ~의 것이다 |

· 패턴 연습 ·

el libro de Juan	후안의 책
el coche de Pilar	삘라르의 차
La llave es de José.	그 열쇠는 호세의 것입니다.
La cartera es de Sofía.	그 지갑은 소피아의 것입니다.

· 회화 연습 ·

A: ¿De quién es esta bicicleta?

B: Es de Ana.

A: No. La bicicleta de Ana es roja.

B: Pues, no sé.

A: 이 자전거는 누구의 것이야?

B: 아나의 것이야.

A: 아니야. 아나의 자전거는 빨간색이야.

B: 그럼, 나도 몰라.

선생님 한마디

스페인어에는 소유사가 있지만, 3인칭의 경우에는 소유자를 명시하지 않으면 혼동이 올 수 있으므로, 전치사 'de'를 활용해서 소유의 의미를 표현합니다.

새단어

cartera *f.* 지갑
rojo/a 빨간색의

· 응용 패턴 ·

> lo de ayer : 어제의 일

| Gracias por lo de ayer. | 어제의 일은 감사합니다. |
| Lo siento por lo de ayer. | 어제의 일은 죄송합니다. |

Pattern 6

~에서

de (2)

패턴·회화 연습 듣기

🎧 MP3 059

전치사 'de'는 '~에서'라는 의미로도 사용됩니다. 특히, 사람이 주어인 경우는 사람의 '국적'이나 '출신 도시' 등을 표현합니다.

· 패턴 구조 ·　주어 + ser 동사 + de + 출신지　　~는 ~에서 오다

· 패턴 연습 ·

Soy de Corea.	저는 한국에서 왔습니다.
Él es de España.	그는 스페인에서 왔습니다.
¿Es usted de Bogotá?	당신은 보고타에서 왔나요?
¿Sois vosotros de Sevilla?	너희들은 세비야에서 왔니?

· 회화 연습 ·

A: ¿De dónde eres?
B: Soy de Francia. ¿Y tú?
A: Soy de España.
B: Mucho gusto.

A: 너는 어느 나라에서 왔니?
B: 나는 프랑스에서 왔어. 너는?
A: 나는 스페인에서 왔어.
B: 만나서 반가워.

· 선생님 한마디 ·

사물이 만들어진 재료를 나타낼 때는 ser 동사 뒤에 전치사 'de'를 써서 사물의 재료를 표현합니다.

· 새 단어 ·

España 스페인
Bogotá 보고타(콜롬비아의 수도)
Sevilla 세비야(스페인 남부 도시)
Francia 프랑스

· 응용 패턴 ·

사물 + ser 동사 + de + 재료 : ~는 ~로 만들어졌다

El reloj es de oro.　　시계는 금으로 만들어졌습니다.
El zumo es de naranja.　　주스는 오렌지로 만들어졌습니다.

~하기 위해
para (1)

패턴·회화 연습 듣기

🎧 MP3 060

전치사 'para'는 어떤 행동을 하는 목적을 나타낼 때, '~하기 위해'의 의미로 표현됩니다. 'para' 앞에 '행동'이 오고, 'para' 뒤에는 '행동의 목적'이 오는 구조를 가집니다.

· 패턴 구조 · 행동 + para + 행동의 목적   ~하기 위해

· 패턴 연습 ·
Hay que comer para vivir.	사람은 살기 위해 먹어야 합니다.
Pongo la mesa para cenar.	저는 저녁 식사를 하기 위해 식탁을 차립니다.
¿Estudias español para viajar?	너는 여행을 가기 위해 스페인어를 배우니?
Voy al gimnasio para adelgazar.	저는 체중 감량을 하기 위해 헬스장에 갑니다.

· 회화 연습 ·

A: ¿Adónde vas?

B: Voy a hacer la compra.

A: ¿Para qué?

B: Para comprar unas bebidas.

A: 너는 어디 가니?

B: 나는 장 보러 가.

A: 뭐 하러?(직역 : 무엇을 하기 위해?)

B: 마실 것을 사기 위해 가.

선 생 님 한 마 디

「hay que+동사원형」 구문은 '~을 해야 한다'의 의미로 모든 사람들에게 해당하는 의무 사항을 표현합니다.

새 단 어

adelgazar 날씬하게 하다
bebida *f.* 음료, 마실 것
máquina *f.* 기계

· 응용 패턴 ·

¿Para qué sirve + 사물? : ~는 어떤 용도입니까?

¿Para qué sirve esta máquina?	이 기계는 어떤 용도입니까?
¿Para qué sirve este utensilio?	이 도구는 어떤 용도입니까?

Pattern 8

〜까지

para (2)

패턴·회화 연습 듣기

🎧 MP3 061

전치사 'para'는 어떤 행위를 위한 기한을 표현할 때, '〜까지'의 의미로도 표현됩니다. 'para' 뒤에는 주로 기간과 관련된 단어를 사용합니다.

· 패턴 구조 ·　주어 + ser 동사 + para + 기간　　　　〜는 〜까지이다

· 패턴 연습 ·

La tarea es para el lunes.	과제는 월요일까지입니다.
La exposición es para hoy.	전시회는 오늘까지입니다.
El plazo es para el próximo mes.	기한은 다음 달까지입니다.
El festival es para la próxima semana.	축제는 다음 주까지입니다.

· 회화 연습 ·

A: ¿Por qué tienes prisa?

B: Tengo que terminar la tarea.

A: ¿Para cuándo es?

B: Es para mañana.

A: 너는 왜 서두르니?

B: 나는 숙제를 끝내야 해.

A: 언제까지야?

B: 내일까지야.

새 단어

exposición *f.* 전시회
plazo *m.* 기한
próximo/a 다음의
festival *m.* 축제
tener prisa 서두르다

· 응용 패턴 ·

> ¿Para cuándo es ~ ? : ~는 언제까지인가요?

¿Para cuándo es el plazo?　　　기한은 언제까지인가요?

¿Para cuándo es el informe?　　보고서는 언제까지인가요?

Pattern
9

~ 때문에

por

🎧 MP3 062

전치사 'por'은 '~ 때문에'라는 뜻으로, '이유, 원인'을 나타내며 어떤 행위를 하게 된 동기를 표현하기도 합니다.

· 패턴 구조 ·   행위 + por + 행위의 이유   ~ 때문에

· 패턴 연습 ·

No puedo ir por la lluvia.	비 때문에 저는 갈 수가 없습니다.
Llegué tarde por el retraso.	저는 교통체증 때문에 늦었습니다.
Tengo una cita por el negocio.	저는 업무 때문에 약속이 있습니다.
Julio está cansado por el trabajo.	훌리오는 일 때문에 피곤합니다.

· 회화 연습 ·

A: ¿Por qué estás en casa?

B: No puedo salir por la lluvia.

A: ¿Por qué no llevas tu coche?

B: Tampoco tengo coche ahora.

A: 너는 왜 집에 있어?

B: 비 때문에 나는 외출할 수가 없어.

A: 차를 가져가는 게 어때?

B: 지금은 차도 없어.

· 선생님 한마디 ·

'llegué'는 'llegar(도착하다) 동사'의 단순 과거시제 1인칭 단수 변화형입니다.

*llegar 동사 과거시제 변화형

llegué	llegamos
llegaste	llegasteis
llegó	llegaron

· 새단어 ·

lluvia *f.* 비
retraso *m.* 지연, 교통체증
cita *f.* 약속
negocio *m.* 업무
tampoco ~도 아닌
ahora 지금

· 응용 패턴 ·

> Estoy preocupado/a por ~ : 나는 ~ 때문에 걱정이다

Estoy preocupado por ti.   나는 너 때문에 걱정이야.

Estoy preocupada por mi hijo.   저는 제 아들 때문에 걱정입니다.

118   패턴의 법칙 스페인어 첫걸음

Pattern 10

~ 없이/~하지 않고

sin

패턴·회화 연습 듣기

🎧 MP3 063

전치사 'sin'은 '~ 없이'의 뜻으로, '~와 함께'를 뜻하는 전치사 'con'의 반대 표현입니다. 'sin' 뒤에는 명사와 동사원형 모두 올 수 있고 특히, 동사원형이 오는 경우에는 '~하지 않고'의 의미도 가능합니다.

· 패턴 구조 ·

sin + 명사	~ 없이
sin + 동사원형	~하지 않고

· 패턴 연습 ·

Agua sin hielo, por favor.	얼음 없는 물 주십시오.
Quiero una paella sin sal.	소금 없는 빠에야를 원합니다.
Ana se fue sin decir.	아나는 말도 하지 않고 가버렸습니다.
Tienes que andar sin hacer ruido.	너는 소리를 내지 않고 걸어야 해.

· 회화 연습 ·

A: José, ¿qué quieres beber?

B: Quiero un chocolate sin nata.

A: Tengo que comer algo. Tengo hambre.

B: Te recomiendo un bocadillo.

A: 호세, 뭐 마실래?

B: 난 생크림 없는 초콜릿으로 할래.

A: 나는 뭐 좀 먹어야겠어. 배고파.

B: 너한테 샌드위치를 추천해.

· 선생님 한마디 ·

'부족, 결함'을 의미하는 단어인 'falta'와 함께 쓰여 'sin falta'는 '반드시'의 의미를 나타냅니다.

· 새 단어 ·

hielo *m.* 얼음
sal *f.* 소금
andar 걷다
hacer ruido 소리를 내다
beber 마시다
nata *f.* 생크림
recomendar 추천하다
bocadillo *m.* 샌드위치(스페인식)

· 응용 패턴 ·

sin falta : 반드시

Voy sin falta.	저는 반드시 갑니다.
Voy a tener éxito sin falta.	저는 반드시 성공할 겁니다.

3단계 · 긴 문장 익히기　**119**

8장

접속사로 말하기

접속사는 단어와 단어, 문장과 문장을 서로 연결해주는 역할을
합니다. 자주 쓰이는 접속사를 활용해 좀 더 세련된 패턴형 문
장을 익혀 보세요.

Pattern 1

그리고

y / e

패턴·회화 연습 듣기

🎧 MP3 064

접속사 'y'는 '~와/과, 그리고, ~하고' 등의 의미로 단어와 단어 또는 문장과 문장을 동등하게 나열하는 역할을 합니다. 단, 'i-'나 'hi-'로 시작되는 단어 앞에서는 발음상 'e'로 바뀝니다.

패턴 구조

명사 + y + 명사   ~ 그리고 ~

문장 + y + 문장   ~ 하고 ~

패턴 연습

hombres y mujeres	남자들 그리고 여자들 (남자들과 여자들)
Hablo español e inglés.	저는 스페인어와 영어를 합니다.
Compro sandía, fresa y uvas.	저는 수박, 딸기 그리고 포도를 삽니다.
Él es Juan y ella es Susana.	그는 후안이고 그녀는 수사나입니다.

회화 연습

A: ¿De dónde sois?

B: Soy de Chile y ella es de Cuba.

A: Y, ¿quiénes son aquellos chicos?

B: Son mis hermanos. Fernando y Carlos.

A: 너희들은 어디에서 왔니?

B: 나는 칠레에서 왔고 얘는 쿠바에서 왔어.

A: 그럼, 저 애들은 누구니?

B: 내 남동생들이야. 페르난도와 까를로스.

선생님 한 마디

3가지 이상의 요소를 나열할 때는 마지막 요소 앞에만 'y' 또는 'e'를 씁니다.

새 단어

mujer *f.* 여자
sandía *f.* 수박
fresa *f.* 딸기
uva *f.* 포도

응용 패턴

> y además : 그뿐만 아니라

Y además no tengo dinero.   그뿐만 아니라 저는 돈이 없어요.

Ella es alta, y además guapa.   그녀는 키가 크고 게다가 예쁩니다.

122 패턴의 법칙 스페인어 첫걸음

Pattern 2

또는

o / u

패턴·회화 연습 듣기

🎧 MP3 065

'o'는 '또는, 혹은' 등의 선택적 의미를 표현하는 접속사로, 'o-'나 'ho-'로 시작되는 단어 앞에서는 발음상 'u'로 바뀝니다.

· 패턴 구조 · 명사 + o + 명사   ~ 또는 ~

· 패턴 연습 ·

dos o tres días	이틀 또는 삼일
¿Quieres café o té?	커피나 차를 원하니?
¿Solo ida o ida y vuelta?	편도입니까 또는 왕복입니까?
Tengo siete u ocho libros.	저는 책을 일곱 또는 여덟 권 가지고 있습니다.

· 회화 연습 ·

A: ¿Quieres vino o cerveza?

B: Prefiero el vino.

A: ¿El vino tinto o el blanco?

B: Quiero el vino rosado.

A: 와인이나 맥주 마실래?

B: 나는 와인이 더 좋아.

A: 레드 와인 또는 화이트 와인?

B: 난 로제 와인을 원해.

새 단어

ida 편도
ida y vuelta 왕복
vino tinto *m.* 레드 와인
vino blanco *m.* 화이트 와인
vino rosado *m.* 로제 와인

· 응용 패턴 ·

No sé si ~ o no : 나는 ~인지 아닌지 모르겠다

No sé si **vienes** o no.   나는 네가 올지 안 올지 모르겠어.

No sé si **es mentira** o no.   저는 그것이 거짓말인지 아닌지 모르겠습니다.

Pattern 3

그래서

Por eso

패턴·회화 연습 듣기

🎧 MP3 066

접속사 'por eso'는 '그래서'의 의미로, 결과가 되는 내용을 연결합니다. 이 표현은 결과를 나타내는 문장 앞에 위치합니다.

· 패턴 구조 · 원인/이유. Por eso + 결과　　　~. 그래서 ~

· 패턴 연습 ·

Hoy no tengo trabajo. Por eso estoy en casa.

오늘 저는 일이 없습니다. 그래서 집에 있습니다.

Carmen está enferma. Por eso no viene hoy.

까르멘은 아픕니다. 그래서 오늘 오지 않습니다.

No tengo dinero. Por eso no puedo ir de compras.

저는 돈이 없습니다. 그래서 쇼핑을 갈 수 없습니다.

· 회화 연습 ·

A: Vamos al cine.

B: Lo siento pero no puedo.

A: ¿Estás ocupado?

B: Mañana es el examen. Por eso tengo que estudiar.

A: 우리 영화관 가자.

B: 미안하지만, 나는 갈 수 없어.

A: 바쁘니?

B: 내일이 시험이야. 그래서 공부해야 돼.

· 선생님 한마디 ·

접속사 'por eso'와 같은 의미로 'así que'를 사용하고, 주로 문장 중간에서 앞 문장과 뒤 문장을 이어줍니다.

· 새단어 ·

enfermo/a 아픈

· 응용 패턴 ·

~ así que ~ : ~ 그래서 ~

Hoy llueve mucho, así que descanso.　　오늘 비가 많이 와서 저는 쉬고 있습니다.

No puedo tomar café, así que tomo té.　　저는 커피를 마실 수 없어서 차를 마십니다.

Pattern 4

그럼
Entonces

패턴·회화 연습 듣기

🎧 MP3 067

접속사 'entonces'는 앞의 문장이 뒤에 오는 문장의 조건이 될 때 서로 이어주는 역할을 합니다.

· 패턴 구조 ·	Entonces, ~	그럼, ~
· 패턴 연습 ·	Entonces, ¡vamos!	그럼, 가자!
	Entonces, hasta luego.	그럼, 나중에 보자.
	Entonces, voy a llamarte.	그럼, 너에게 전화할게.
	Entonces, voy a avisártelo.	그럼, 너에게 그것을 알려줄게.

· 회화 연습 ·

A: Tengo dos entradas para el concierto.

B: ¡Qué bien! ¿Puedo ir contigo?

A: Claro. Entonces, hasta mañana.

B: Vale.

A: 나한테 콘서트 티켓 2장이 있어.

B: 잘 됐다! 너랑 같이 가도 될까?

A: 물론이지. 그럼, 내일 만나자.

B: 좋아.

선 생 님 한 마 디

접속사 'entonces'는 '그리고'를 의미하는 접속사 'y'와 함께 사용되며, '그리고 나서 ~'로 표현됩니다.

새 단 어

avisar 알리다, 공지하다

· 응용 패턴 ·

~ y entonces ~ : ~ 그리고 나서 ~

Tienes que ducharte y entonces desayunar.　　너는 샤워를 하고 나서 아침을 먹어야 해.

Voy a limpiar la casa y entonces preparar la cena.　　저는 집을 청소하고 나서 저녁을 준비할 겁니다.

물론
Claro que

🎧 MP3 068

'claro que ~'는 뒤에 이어지는 문장이 당연한 내용임을 표현할 때 사용하는 접속사입니다. 보통, 문장의 맨 앞에 위치합니다.

· 패턴 구조 ·	Claro que ~	물론 ~

· 패턴 연습 ·	Claro que **sí**.	물론입니다. (당연합니다.)
	Claro que **te amo**.	물론 너를 사랑하지.
	Claro que **me gusta**.	물론 저는 좋아합니다.
	Claro que **sé hablar español**.	물론 나는 스페인어를 할 줄 알아.

· 회화 연습 ·

A: El domingo es el cumpleaños de Rosa.

B: Sí, por eso voy a dar una fiesta.

A: ¿Es una fiesta sorpresa?

B: Claro que sí.

A: 일요일이 로사 생일이야.

B: 맞아, 그래서 내가 파티해 주려고.

A: 깜짝파티야?

B: 당연하지.

선 생 님 한 마 디

'por supuesto'도 'claro'와 같은 의미로 '물론이지'라는 뜻을 가지고 있습니다.

새 단 어

fiesta sorpresa *f.* 깜짝파티

· 응용 패턴 ·

Por supuesto que ~ : 물론 ~

Por supuesto que **no**.   물론 아닙니다.

Por supuesto que **puedo hacerlo**.   물론 제가 그것을 할 수 있습니다.

Pattern 6

때마다

Siempre que

패턴·회화 연습 듣기

🎧 MP3 069

접속사 'siempre que ~'는 반복되는 행위를 표현할 때 '~할 때마다'의 의미로 사용됩니다. 이 문구의 위치는 무관하지만, 보통 문장의 맨 앞에 오는 경우가 많습니다.

· 패턴 구조 · Siempre que ~ 　　　　　　　　~ 때마다

· 패턴 연습 ·

Siempre que **él me ve**, me saluda.　　그는 저를 볼 때마다, 인사를 합니다.

Siempre que **tengo tiempo**, viajo.　　저는 시간이 있을 때마다, 여행을 갑니다.

Siempre que **estoy en casa**, escucho música.

저는 집에 있을 때마다, 음악을 듣습니다.

· 회화 연습 ·

A: Creo que Luis es amable.

B: ¿Por qué?

A: Siempre que me ve, sonríe.

B: Creo que a él le gustas tú.

A: 내 생각에 루이스는 상냥한 것 같아.

B: 왜?

A: 나를 볼 때마다, 웃고 있어.

B: 내 생각에 그 애가 널 좋아하는 것 같아.

선 생 님 한 마 디

'cada vez que ~'도 'siempre que ~'와 같이 '~할 때마다'의 의미를 가지는 표현입니다.

새 단 어

canción *f.* 음악, 노래
pensar 생각하다
sonreír 웃다

· 응용 패턴 ·

Cada vez que ~ : ~할 때마다

Cada vez que pienso en él, le echo de menos.　　그를 생각할 때마다, 그립습니다.

Cada vez que salgo del trabajo, tomo el metro.　　퇴근할 때마다, 저는 지하철을 탑니다.

Pattern 7

왜냐하면/~ 때문에/~해서

~ porque ~

패턴·회화 연습 듣기

🎧 MP3 070

접속사 'porque'는 '왜냐하면, ~ 때문에'의 의미로 앞 문장과 이유를 나타내는 뒤에 오는 문장을 서로 연결해 주는 역할을 합니다. 단, 문장의 처음에는 올 수 없고 항상 문장과 문장 사이에 위치합니다.

패턴 구조   ~ porque + 원인/이유   왜냐하면/~ 때문에/~해서

패턴 연습   No puedo comprarlo porque es caro.

너무 비싸기 때문에 그것을 살 수 없습니다.

Quiero descansar porque tengo gripe.

저는 독감에 걸렸기 때문에 쉬고 싶습니다.

Llego tarde porque hay mucho tráfico.

차가 밀렸기 때문에 늦게 왔습니다.

회화 연습

A: ¿Dónde está Sofía?

B: Ella está en la biblioteca.

A: ¿No viene a la fiesta?

B: No puede venir porque está ocupada.

A: 소피아는 어디에 있니?

B: 그녀는 도서관에 있어.

A: 파티에 안 와?

B: 바쁘기 때문에 올 수가 없어.

선생님 한마디

이유를 묻는 의문사는 'Por qué' 이고, 이유를 나타내는 접속사는 'porque'입니다.

📝 ¿Por qué llegas tarde?
너는 왜 늦었니?

Porque hay mucho tráfico.
차가 막혔기 때문입니다.

응용 패턴

~ ya que + 원인/이유 : 왜냐하면/~ 때문에/~해서

No puedo dormir ya que hay mucho ruido.   너무 시끄러워서 잠을 잘 수가 없습니다.

No me gusta esta música ya que es muy triste.   너무 슬퍼서 저는 이 음악을 싫어합니다.

128   패턴의 **법칙 스페인어** 첫걸음

Pattern 8

때문에

Como

패턴·회화 연습 듣기

🎧 MP3 071

접속사 'Como'는 앞서 배운 'porque'와 같은 의미지만, 항상 문장의 맨 앞에만 올 수 있다는 점에서 'porque'와 구분됩니다.

패턴 구조

Como + 원인/이유, ~   ~ 때문에, ~

패턴 연습

Como es muy tarde, me voy.

늦었기 때문에, 저는 이제 가보겠습니다.

Como nieva mucho, no conduzco.

눈이 많이 오기 때문에, 저는 운전을 하지 않습니다.

Como hace calor, voy a tomar algo.

날씨가 덥기 때문에, 저는 뭐 좀 마실 겁니다.

회화 연습

A: Como tengo mucho trabajo, no puedo descansar.
B: ¿Por qué no buscas otro trabajo?
A: No lo sé. Voy a pensarlo.
B: ¡Ánimo!

A: 일이 너무 많기 때문에, 쉴 수가 없어.
B: 다른 직장을 찾아보는 게 어때?
A: 잘 모르겠어. 생각해 볼게.
B: 힘내!

선생님 한마디

'Como' 외에도 이유를 나타내는 접속사로 'puesto que ~'가 있습니다.

새 단어

nevar 눈이 오다
calor *m.* 더위

응용 패턴

Puesto que ~ : ~ 때문에/~해서

Puesto que me duele la cabeza, voy al médico.　머리가 아파서 저는 병원에 갑니다.
Puesto que no tengo tiempo, debo tener prisa.　시간이 없기 때문에, 저는 서둘러야 합니다.

Pattern
9

그럼에도 불구하고
sin embargo

패턴·회화 연습 듣기

🎧 MP3 072

'sin embargo'는 '그러나, 그럼에도 불구하고'의 뜻으로 '비록 사실은 앞 문장의 내용과 같지만, 그것과는 상관없이 뒤 문장과 같은 결과이다'라는 의미를 나타냅니다.

· 패턴 구조 · ~, sin embargo, ~   ~지만, 그럼에도 불구하고, ~

· 패턴 연습 ·

Llueve, sin embargo, el aire está seco.

비가 오지만, 그럼에도 불구하고, 공기는 건조합니다.

Es bonita, sin embargo, no es práctica.

예쁘지만, 그럼에도 불구하고, 실용적이지 않습니다.

Tienes razón, sin embargo, no es realista.

네 말이 맞지만, 그럼에도 불구하고, 현실적이지 않아.

· 회화 연습 ·

A: ¿Qué te parece esta cama?

B: Es muy elegante, sin embargo, no es cómoda.

A: Hmm… ¿y aquella?

B: A ver.

A: 네가 보기에 이 침대 어때?

B: 럭셔리하지만, 그럼에도 불구하고, 편하지는 않아.

A: 흠… 저건?

B: 어디 보자.

새 단어

aire *m.* 공기
seco/a 건조한
práctico/a 실용적인
realista 현실적인
elegante 럭셔리한

· 응용 패턴 ·

Sin embargo, ~ : 그렇지만, ~하다

Sin embargo, es muy caro.   그렇지만, 너무 비쌉니다.

Sin embargo, no puedo hacerlo.   그렇지만, 저는 그것을 할 수 없습니다.

Pattern 10

반면에

En cambio

패턴·회화 연습 듣기

🎧 MP3 073

'en cambio'는 '반대로, 반면에'의 뜻으로, 어떤 상황에 관하여 2가지의 다른 사실이나 반대되는 생각을 표현할 때 사용됩니다.

· 패턴 구조 · En cambio, ~ 　　　　　　반면에, ~

· 패턴 연습 ·

En cambio, Miguel es bajo.	반면에, 미겔은 키가 작습니다.
En cambio, en Corea hace calor.	반면에, 한국은 날씨가 덥습니다.
En cambio, a mí sí me gusta leer.	반면에, 저는 독서를 좋아합니다.
En cambio, este libro es más ligero.	반면에, 이 책이 더 가볍습니다.

· 회화 연습 ·

A: En España hay cuatro lenguas oficiales.

B: ¿En serio? No lo sabía.

A: En cambio, en mi país solo se habla coreano.

B: ¡Qué interesante!

A: 스페인에는 4개의 공식 언어가 있어.

B: 정말? 몰랐어.

A: 반면에, 우리나라는 한국어만 사용해.

B: 흥미롭다!

· 선생님 한마디 ·

1. 'en cambio' 외에도 같은 의미로 쓸 수 있는 'al contrario'가 있습니다.

2. 우리가 보편적으로 알고 있는 스페인어는 사실 '카스티야어'입니다. 그 외에 '카탈루냐어, 바스크어, 갈리시아어'가 있습니다.

· 새 단어 ·

bajo/a 키가 작은, 낮은
ligero/a 가벼운
lengua *f.* 언어
oficial 공식적인

· 응용 패턴 ·

Al contrario, ~ : 반면에, ~

Al contrario, todos quieren ir a México.	반면에, 모두 멕시코로 가기를 원합니다.
Al contrario, no estoy de acuerdo con usted.	반면에, 저는 당신의 의견에 동의하지 않습니다.

9장

부사로 말하기

부사는 다른 말의 앞 또는 뒤에 놓여 문장의 의미를 분명하게
해주는 역할을 합니다. 자주 사용되는 부사를 위주로 학습해 보
세요.

아주/매우

muy

패턴·회화 연습 듣기

🎧 MP3 074

'muy'는 형용사나 부사 앞에 위치하며, 보통의 정도보다 그 이상의 상태인 '아주, 매우'의 의미를 갖는 부사입니다.

· 패턴 구조 ·

muy + 부사	아주/매우 + 부사
muy + 형용사	아주/매우 + 형용사

· 패턴 연습 ·

Estoy muy bien.	저는 아주 잘 지냅니다.
Me levanto muy tarde.	저는 아주 늦게 일어납니다.
David es muy alto.	다비드는 키가 매우 큽니다.
Sofía es muy bonita.	소피아는 매우 예뻐요.

· 회화 연습 ·

A: Quiero comprar un ordenador portátil.

B: Este es el último producto.

A: ¡Qué guay!

B: Además, el precio es muy razonable.

새 단 어

ordenador portátil *m.* 노트북
último/a 최신의
producto *m.* 제품
precio *m.* 가격
razonable 합리적인

A: 노트북 한 대를 구매하고 싶습니다.

B: 이것이 신제품입니다.

A: 멋지네요!

B: 게다가, 가격도 매우 합리적이에요.

· 응용 패턴 ·

~ no + ser 동사 + muy ~ : 그다지 ~이 아니다

Esa falda no es muy corta. 그 치마는 그다지 짧지 않습니다.

Esta bicicleta no es muy cara. 이 자전거는 그다지 비싸지 않습니다.

Pattern 2

조금

un poco

패턴·회화 연습 듣기

🎧 MP3 075

'un poco'는 '조금, 약간'의 의미로 형용사 앞이나 동사 뒤에 위치하며, 약한 정도를 표현하는 부사입니다.

· **패턴 구조** ·

un poco + 형용사

동사 + un poco

조금 ~

· **패턴 연습** ·

Estás un poco pálido.	너 조금 창백해 보여.
Esta caja es un poco pesada.	이 상자는 조금 무겁습니다.
Hablo un poco el español.	저는 스페인어를 조금 합니다.
¿Puede rebajarme un poco?	할인을 조금 해주실 수 있나요?

· **회화 연습** ·

A: ¿Qué tal está esa película?

B: Es un poco aburrida.

A: ¿De veras? Dicen que es muy interesante.

B: Sobre gustos no hay nada escrito.

A: 그 영화 어때?

B: 조금 지루해.

A: 정말? 사람들이 아주 재밌다고 하던데.

B: 사람마다 취향이 다르니까.

· **선생님 한마디** ·

1. 'un poco'는 부사이므로 '성'과 '수'의 변화를 하지 않기 때문에 형용사 앞에 오는 경우에도 형태 변화는 없습니다.

2. 'un poco' 다음에 셀 수 없는 명사가 올 경우 전치사 'de'를 함께 사용합니다.

· **새 단어** ·

pálido/a 창백한
pesado/a 무거운
rebajar 할인하다
película f. 영화
aburrido/a 지루한

· **응용 패턴** ·

un poco de + 명사 : ~ 약간/조금

Deme un poco de sal.   소금 약간만 주세요.

Tengo un poco de fiebre.   저는 열이 조금 있습니다.

거의 ~않은

poco

패턴·회화 연습 듣기

🎧 MP3 076

'poco'는 부정의 의미로, '거의 ~않은'의 의미를 가지며 형용사 또는 부사 앞에 오거나 동사 뒤에 위치합니다.

주의 'un poco(조금)'와 혼동하지 않도록 주의하세요.

· 패턴 구조 ·

동사 + poco

poco + 형용사/부사

거의 ~않은

· 패턴 연습 ·

Como poco.	저는 거의 먹지 않습니다.
Ellos trabajan poco.	그들은 거의 일을 하지 않습니다.
Es poco común.	거의 공통점이 없습니다.
Él es poco sociable.	그는 사교성이 거의 없습니다.

· 회화 연습 ·

A: Estoy muy nervioso.

B: ¿Por qué?

A: Hoy es el examen final pero sé poco.

B: No te preocupes. Todo va a salir bien.

A: 나는 너무 긴장돼.

B: 왜?

A: 오늘이 기말고사인데 나는 거의 모르겠어.

B: 걱정하지 마. 잘 될 거야.

선생님 한마디

'poco'는 뒤에 오는 명사를 꾸밀 수 있고, 이때는 명사의 '성'과 '수'에 일치시켜야 합니다.

새 단어

sociable 사교적인
examen final *m.* 기말고사

· 응용 패턴 ·

poco/a/os/as + 명사 : 거의 없는 ~

Hay poca diferencia. 차이점이 거의 없습니다.

Tengo poco tiempo para cocinar. 저는 요리를 할 시간이 거의 없습니다.

Pattern 4

잠깐

un rato

패턴·회화 연습 듣기

🎧 MP3 077

'un rato'는 '잠깐'의 뜻으로, 동사 뒤에 위치해서 동사를 꾸며주는 역할을 합니다.

· 패턴 구조 ·	동사 + un rato	잠깐 ~

· 패턴 연습 ·	Estoy de pie un rato.	저는 잠깐 서 있습니다.
	¿Qué tal si paseamos un rato?	우리 잠깐 산책하는 거 어때?
	Quiero hablar contigo un rato.	너랑 잠깐 이야기하고 싶어.
	Vamos a sentarnos aquí un rato.	우리 여기 잠깐 앉자.

· 회화 연습 ·

A: ¿Quieres un café?

B: Ahora no. Tengo mucho trabajo.

A: Ay, vamos a descansar un rato.

B: Vale.

A: 커피 한잔할래?

B: 지금은 안돼. 일이 너무 많아.

A: 에이, 잠깐 쉬자.

B: 알겠어.

선생님 한마디

'un rato'는 '부사'지만 활용 범위가 제한적이므로 주로 동사를 꾸며 줍니다.

새단어

estar de pie 서 있다
sentarse 앉다

· 응용 패턴 ·

> después de un rato : 잠시 후에

Vamos a hablar después de un rato.   잠시 후에 이야기를 나눕시다.

El tren va a partir después de un rato.   기차는 잠시 후에 출발할 겁니다.

3단계 · 긴 문장 익히기   **137**

Pattern 5

충분히/꽤/상당히

bastante

패턴·회화 연습 듣기

🎧 MP3 078

'bastante'는 '상당히, 꽤'의 뜻으로, 주로 동사 뒤에 오거나 형용사 앞에 위치하여 의미를 강조해 주는 역할을 합니다.

• 패턴 구조 •

동사 + bastante
bastante + 형용사

충분히/꽤/상당히 ~

• 패턴 연습 •

Tengo bastante.	저는 충분히 가지고 있습니다.
Ella es bastante alta.	그녀는 키가 꽤 큽니다.
Ese pintor es bastante famoso.	그 화가는 꽤 유명합니다.
La película es bastante interesante.	영화는 상당히 재미있습니다.

• 회화 연습 •

A: ¿Conoces a Lionel Messi?

B: ¿Futbolista argentino?

A: Sí.

B: Claro. Es bastante famoso.

A: 너 리오넬 메시 알아?

B: 아르헨티나 축구선수?

A: 응.

B: 물론이지. 꽤 유명하잖아.

• 선생님 한마디 •

'~하기 위해'를 의미하는 전치사 'para'와 함께 쓰여 '~하기에 충분한'을 뜻하는 '~ bastante ~ para ~'로 활용합니다.

• 새단어 •

pintor *m.* 화가
futbolista *m.f.* 축구선수

• 응용 패턴 •

> ~ bastante ~ para ~ : ~하기에 충분한

¿Tienes bastante tiempo para comer?   너 밥 먹을 시간은 충분해?

Tengo bastante dinero para tomar un taxi.   저는 택시 타기에 충분한 돈이 있습니다.

너무

demasiado

🎧 MP3 079

부사 'demasiado'는 '너무'의 뜻으로, 부정적인 의미를 강조해 주는 역할을 합니다.

| 패턴 구조 | 동사 + demasiado
demasiado + 형용사 | 너무 ~ |

패턴 연습	Bebes demasiado.	너는 너무 과음을 한다.
	Llego demasiado tarde.	제가 너무 늦었습니다.
	Es demasiado caro.	너무 비쌉니다.
	Es demasiado grande.	너무 큽니다.

회화 연습

A: ¿Qué te parece este sofá?

B: Es elegante.

A: Vamos a comprarlo.

B: Pero es demasiado caro.

A: 네가 보기에 이 소파 어때?

B: 럭셔리하다.

A: 우리 이걸로 사자.

B: 근데 너무 비싸.

선생님 한마디

'demasiado'는 문장에서 'no'를 쓰지 않아도 의미상 부정의 의미를 갖기 때문에 유의해야 합니다.

새 단어

caro/a 비싼
sofá m. 소파

응용 패턴

~ demasiado ~ para ~ : ~에게 너무

Es demasiado pesado para llevar.

Esta ropa es demasiado llamativa para mí.

가지고 가기에는 너무 무겁습니다.

이 옷은 저한테 너무 화려합니다.

~도

también

부사 'también'은 어떤 생각이나 행동을 전제로 그것과 같다는 표현을 할 때, '~도'의 뜻으로 사용됩니다. 문장에서 'también'의 위치는 자유롭지만, 보통 동사 앞에 위치합니다.

패턴 구조 | ~ también | ~도

패턴 연습

Yo también.	저도 그렇습니다.
Eso también es verdad.	그것도 사실입니다.
Yo también soy de Corea.	저도 한국에서 왔습니다.

Usted necesita el pasaporte y también el visado.

당신은 여권과 비자도 필요합니다.

회화 연습

A: Ay, hoy ha sido un día muy largo.

B: Tengo que descansar.

A: **Yo también estoy muy cansado.**

B: Hasta mañana.

A: 아, 오늘 정말 긴 하루였어.

B: 난 쉬어야겠어.

A: 나도 너무 피곤해.

B: 내일 만나자.

선생님 한마디

gustar 동사를 활용한 긍정문에 대해 동의를 하는 경우에는 'A mí también.'으로 표현합니다.

📝 A: Me gusta el fútbol.
  B: A mí también.
  A: 나는 축구를 좋아해.
  B: 나도 그래.

새단어

pasaporte *m.* 여권
visado *m.* 비자
largo/a 긴

응용 패턴

| ~ tampoco : ~도 아니다 |

Yo tampoco como carne.   저도 고기를 먹지 않습니다.

Ella tampoco tiene tiempo.   그녀도 시간이 없습니다.

많이

mucho

패턴·회화 연습 듣기

🎧 MP3 081

부사 'mucho'는 동사와 함께 오면서 '많이'의 의미를 갖으며, 변화형이 없다는 점을 유의해야 합니다.

· 패턴 구조 ·   동사 + mucho   많이 ~

· 패턴 연습 ·   Ese chico llora mucho.   그 남자아이는 많이 웁니다.

                Mi padre fuma mucho.   우리 아버지께서는 담배를 많이 피우십니다.

                Me duele mucho la cabeza.   저는 머리가 많이 아픕니다.

                ¿Tengo que esperar mucho?   제가 많이 기다려야 하나요?

· 회화 연습 ·

A: ¿Qué tengo que hacer?

B: Debe dormir mucho.

A: Y, ¿qué más?

B: También tiene que caminar mucho.

A: 제가 무엇을 해야 하나요?

B: 많이 주무셔야 합니다.

A: 그리고 무엇이 더 있나요?

B: 많이 걷기도 하셔야 해요.

· 선 생 님 한 마 디 ·

'mucho'의 의미를 강조하는 표현
으로 'mucho más'를 써서, '훨씬
더 많이 ~'를 나타냅니다.

· 새 단 어 ·

fumar 흡연하다
caminar 걷다

· 응용 패턴 ·

> mucho más ~ : 훨씬 더 ~

Ese lugar es mucho más amplio.   그 장소가 훨씬 더 넓습니다.

Este examen es mucho más fácil.   이번 시험이 훨씬 더 쉽습니다.

일찍

temprano

패턴·회화 연습 듣기

🎧 MP3 082

부사 'temprano'는 '일찍'의 뜻으로, 시간적으로 이른 행위를 표현할 때 사용되며 문장에서 주로 동사 뒤에 위치합니다.

패턴 구조 ~ temprano 　　　　　　　　　　일찍 ~

패턴 연습

¿Puedes venir temprano?	너는 일찍 올 수 있니?
Salgo temprano del trabajo.	저는 일찍 퇴근합니다.
Mi hermana vuelve temprano.	내 여동생은 일찍 돌아옵니다.
Tenemos que prepararnos temprano.	우리는 일찍 준비해야 합니다.

회화 연습

A: ¿Cuándo llegas al aeropuerto?

B: A las dos de la tarde.

A: Entonces, voy a ir más temprano.

B: Vale. Nos vemos.

A: 너는 공항에 언제 도착해?

B: 오후 2시에.

A: 그럼, 내가 좀 더 일찍 갈게.

B: 알겠어. 나중에 보자.

선생님 한마디

'temprano'를 강조할 때는 '매우'의 의미를 가진 부사 'muy'를 사용합니다.

📢 Carlos sale muy temprano.
까를로스는 매우 일찍 나갑니다.

응용 패턴

~ tan temprano : 이렇게 일찍 ~

¿A dónde vas tan temprano?　　　이렇게 일찍 어디 가니?

¿Por qué sales tan temprano?　　왜 이렇게 일찍 외출하니?

Pattern 10

늦게

tarde

패턴·회화 연습 듣기

🎧 MP3 083

부사 'tarde'는 '늦게'의 뜻으로, 시간적으로 지체된 행위를 표현할 때 사용되며 문장에서 주로 동사 뒤에 위치합니다.

패턴 구조 ~ tarde   늦게 ~

패턴 연습 Ceno tarde.   저는 저녁을 늦게 먹습니다.

Hoy vuelvo tarde.   오늘 저는 늦게 옵니다.

Puedes salir tarde.   너는 늦게 출발해도 돼.

No tenéis que llegar tarde.   너희는 늦게 도착하면 안 돼.

회화 연습

A: Siento mucho llegar tarde.

B: No pasa nada.

A: Vamos a empezar ahora mismo.

B: De acuerdo.

A: 늦어서 정말 죄송해요.

B: 괜찮습니다.

A: 바로 시작합시다.

B: 알겠습니다.

선생님 한마디

'tarde'가 명사로 쓰일 때는 '오후'의 의미로 여성명사에 해당합니다.

예 Tengo una cita esta tarde.
오늘 오후에 약속이 있다.

새단어

volver 돌아오다

응용 패턴

~ hasta tarde : 늦게까지 ~

Trabajo hasta tarde.   저는 늦게까지 일합니다.

Mi hijo duerme hasta tarde.   내 아들은 늦게까지 잡니다.

Pattern 11

가끔

A veces

패턴·회화 연습 듣기

🎧 MP3 084

부사 'a veces'는 '가끔'이란 뜻으로 사용되며, 위치는 주로 문장의 맨 앞에 위치하지만, 2개의 문장이 이어지는 경우에는 문장 중간에 오기도 합니다.

패턴 구조 · A veces ~ — 가끔 ~

패턴 연습 ·

A veces quiero estar solo/a.	가끔 저는 혼자 있고 싶습니다.
A veces se me olvida la fecha.	가끔 저는 날짜를 깜빡합니다.
A veces no quiero hacer nada.	가끔 저는 아무것도 하기 싫습니다.
A veces estoy triste sin motivo.	가끔 저는 이유 없이 우울합니다.

회화 연습

A: ¿Estás enfermo?
B: No. Estoy bien.
A: Pero tienes mala cara.
B: No, solo a veces no tengo ganas de nada.

A: 너 어디 아프니?
B: 아니. 괜찮아.
A: 그런데 안색이 안 좋아.
B: 아니야, 그냥 가끔 나는 아무런 의욕이 없어.

선생님 한마디

*vez의 다양한 의미

① 간혹 : **rara vez**
   Rara vez estoy ocupado.
   나는 간혹 바쁘다.

② 차차, 점점 : **cada vez**
   Cada vez ella está más guapa.
   그녀는 점점 예뻐진다.

새단어

olvidarse 잊다, 깜빡하다
fecha *f.* 날짜
motivo *m.* 동기, 이유
tener ganas de ~
~을/를 하고 싶다

응용 패턴

~ de vez en cuando : 가끔 ~

Quiero estar solo/a de vez en cuando. — 가끔 저는 혼자 있고 싶습니다.
Él viaja al extranjero de vez en cuando. — 가끔 그는 해외여행을 갑니다.

Pattern 12

보통
normalmente

패턴·회화 연습 듣기

🎧 MP3 085

부사 'normalmente'는 '보통'이란 뜻으로, 일반적으로 일어나는 행위를 말할 때 사용됩니다. 문장에서의 위치는 보통 맨 앞 또는 맨 뒤에 위치합니다.

· 패턴 구조 ·

~ normalmente	보통 ~
Normalmente ~	

· 패턴 연습 ·

No desayuno normalmente.	보통 저는 아침 식사를 하지 않습니다.
Duermo ocho horas normalmente.	보통 저는 8시간 잡니다.
Normalmente ella no lleva su coche.	보통 그녀는 차를 가져가지 않습니다.
Normalmente cenamos en casa.	보통 우리는 집에서 저녁 식사를 합니다.

· 회화 연습 ·

A: ¿Qué haces en tu tiempo libre?

B: Normalmente leo un libro.

A: ¿No sales con tus amigos?

B: A veces, pero no mucho.

A: 너는 여가 시간에 뭐 해?

B: 나는 보통 책을 읽어.

A: 친구들과 놀러 가지는 않아?

B: 가끔 가는데, 많이는 아니야.

선 생 님 한 마 디

'normalmente'와 같이 '보통, 일반적으로'를 의미하는 의미의 부사로 'generalmente'가 있습니다.

새 단 어

desayunar 아침을 먹다
tiempo libre *m.* 여가 시간

· 응용 패턴 ·

Generalmente ~ : 일반적으로 ~

Generalmente esta marca es cara.   일반적으로 이 브랜드는 비쌉니다.

Generalmente los coreanos son simpáticos.   일반적으로 한국 사람들은 친절합니다.

자주

a menudo

🎧 MP3 086

부사 'a menudo'는 '자주'의 뜻으로, 반복적으로 여러 번 일어나는 행위를 표현할 때 사용합니다. 문장에서의 위치는 보통 맨 앞 또는 맨 뒤에 위치합니다.

· 패턴 구조 ·

A menudo ~
~ a menudo

자주 ~

· 패턴 연습 ·

A menudo como fuera.	저는 자주 외식을 합니다.
A menudo los parientes vienen.	친척들이 자주 옵니다.
Espero poder verte a menudo.	너를 자주 볼 수 있기를 바라.
¿Visitas a tus abuelos a menudo?	너는 조부모님을 자주 찾아뵙니?

· 회화 연습 ·

A: ¿Vas al cine a menudo?

B: Sí, me gusta ver películas.

A: ¿También vas a conciertos a menudo?

B: Casi no.

A: 너는 영화관에 자주 가니?

B: 응, 난 영화 보는 것을 좋아해.

A: 콘서트도 자주 가니?

B: 거의 안가.

· 선생님 한마디 ·

'a menudo'와 같은 의미로 쓰이는 부사에는 'muchas veces'가 있습니다.

예 Como pescado muchas veces.
나는 생선을 자주 먹는다.

· 새 단어 ·

comer fuera 외식하다
pariente *m. f.* 친척
visitar 방문하다
casi 거의

· 응용 패턴 ·

> ~ muy a menudo : 매우 자주 ~

Manuel viaja muy a menudo. 마누엘은 매우 자주 여행을 갑니다.

Voy al parque muy a menudo. 저는 매우 자주 공원에 갑니다.

항상

siempre

부사 'siempre'는 'a menudo' 보다 빈도가 더 높은 부사로, '매번 일어나는 행위'를 표현합니다. 문장에서의 위치는
보통 맨 앞 또는 맨 뒤에 위치합니다.

· 패턴 구조 ·

Siempre ~
~ siempre

항상 ~

· 패턴 연습 ·

Siempre tomo el metro.	저는 항상 지하철을 탑니다.
Siempre José llega tarde.	호세는 항상 늦게 옵니다.
Luisa habla mucho siempre.	루이사는 항상 말을 많이 합니다.
Aquí hay mucha gente siempre.	여기는 항상 사람이 많습니다.

· 회화 연습 ·

A: Este restaurante es muy famoso.

B: Sí. Siempre hay una cola muy larga.

A: Ay, tengo hambre.

B: Yo también.

A: 이 레스토랑은 매우 유명해.

B: 맞아. 항상 줄이 길어.

A: 아, 배고파.

B: 나도.

선생님 한마디

'siempre'와 같은 의미로 쓰이는
표현에는 'todos los días(매일)'
가 있습니다.

예 Todos los días hago ejercicio.
저는 매일 운동을 합니다.

새단어

cola *f.* 줄

· 응용 패턴 ·

~ para siempre : 영원히 ~

Te amo para siempre. 너를 영원히 사랑해.

Quiero estar aquí para siempre. 저는 이곳에 영원히 있고 싶습니다.

결코 ~하지 않은

nunca

🎧 MP3 088

'nunca'는 '결코 ~하지 않은'을 의미하는 패턴 표현으로, 강한 부정을 나타내는 부사입니다.

| 패턴 구조 | ~ nunca ~ 동사
~ no + 동사 ~ nunca | 결코 ~하지 않은 ~ |

패턴 연습		
	Nunca miento.	저는 결코 거짓말을 하지 않습니다.
	Ana nunca bebe.	아나는 결코 술을 마시지 않습니다.
	Esta manera no falla nunca.	이 방법은 결코 실패하지 않습니다.
	No llevo mucho dinero nunca.	저는 결코 돈을 많이 가지고 다니지 않습니다.

회화 연습

A: Mi abuelo aprende francés.

B: ¿De veras? ¿Cuántos años tiene?

A: Tiene sesenta y cinco años.

B: De hecho, nunca es tarde para aprender.

A: 우리 할아버지가 프랑스어를 배우셔.

B: 정말? 연세가 어떻게 되시는데?

A: 65세야.

B: 하긴, 배움에는 결코 나이가 중요하지 않지.

선생님 한 마디

'nunca'가 동사 앞에 위치할 때는 'no'를 쓰지 않고, 동사 뒤에 위치할 때는 반드시 동사 앞에 'no'를 써야 합니다. 스페인어는 영어와 다르게 이중부정이 긍정으로 바뀌지 않는다는 점을 주의하세요.

새 단어

mentir 거짓말하다
manera f. 방법
fallar 실패하다
francés m. 프랑스어
de hecho 하긴

응용 패턴

Casi nunca ~ 동사 ~ : 거의 ~하지 않다

Casi nunca comes carne.   너는 거의 고기를 먹지 않는구나.

Casi nunca puedo ver a Cecilia.   저는 쎄씰리아를 거의 보지 못합니다.

Pattern 16

절대 ~하지 않은

jamás

패턴·회화 연습 듣기

🎧 MP3 089

'nunca' 보다 훨씬 강한 부정 표현입니다. 마찬가지로 'jamás'가 동사 앞에 위치할 때는 'no'를 쓰지 않고, 동사 뒤에 위치할 때는 반드시 동사 앞에 'no'를 써야 합니다.

· 패턴 구조 ·

~ jamás ~ 동사
~ no + 동사 ~ jamás

절대 ~하지 않은 ~

· 패턴 연습 ·

Jamás tienes que ir.	너는 절대 가면 안 된다.
Jamás puedo creerlo.	저는 그것을 절대 믿을 수 없습니다.
No debes decirlo jamás.	너는 그것을 절대 말하면 안 돼.
Juan no lo va a olvidar jamás.	후안은 그것을 절대 잊지 않을 겁니다.

· 회화 연습 ·

A: Aquel coche cuesta cien millones.

B: ¡Jesús!

A: Jamás puedo comprarlo.

B: Yo tampoco.

A: 저 자동차가 1억이래.

B: 이런!

A: 나는 그것을 절대 살 수 없어.

B: 나도 마찬가지야.

선생님 한마디

'jamás'는 부정의 강도가 매우 강하기 때문에 상대방에 대한 감정을 표현할 때는 주의해야 합니다.

새단어

olvidar 잊다
millón 백만(숫자)

· 응용 패턴 ·

~ absolutamente ~ : 전혀 ~

No sé absolutamente nada de eso.   저는 그것에 대해 전혀 모릅니다.

No entiendo absolutamente nada.   저는 전혀 이해하지 못합니다.

3단계 · 긴 문장 익히기   **149**

10장

비교급으로 말하기

어떤 대상들을 비교하거나 그 대상의 성질 또는 상태의 정도를 표현할 때 '비교급'을 사용합니다. 스페인어의 비교급에는 '동등비교', '우등비교', '열등비교'가 있습니다. 그중 자주 사용되는 기본 표현들을 학습해 보세요.

~만큼 많은 ~

tanto/a/os/as ~ como ~

패턴·회화 연습 듣기

🎧 MP3 090

'tanto'는 '많은'이란 의미를 가지고 동등한 비교를 표현할 때 사용됩니다. 같은 양 또는 질을 가진 명사를 표현할 때 는 명사의 '성'과 '수'에 맞추어 'tanto/a/os/as'로 변형됩니다.

· 패턴 구조 ·	tanto/a/os/as ~ como ~	~만큼 많은 ~

· 패턴 연습 ·	José tiene tanto dinero como yo.	호세는 저만큼 많은 돈을 가지고 있습니다.
	Compro tanta fruta como verdura.	저는 과일만큼 많은 야채를 삽니다.
	Tengo tantos libros como tú.	나는 너만큼 많은 책을 가지고 있어.
	Ana trabaja tantas horas como Juan.	아나는 후안만큼 많은 시간 일을 합니다.

· 회화 연습 ·

A: Esta es mi colección de sellos.

B: ¡Magnífico! ¿Cuántos son?

A: No sé exactamente. Quizás mil.

B: Creo que también tengo tantos sellos como tú.

A: 이것이 내 우편 수집품이야.

B: 굉장하다! 몇 개나 돼?

A: 정확히는 모르겠어. 아마 천 개쯤 될 거야.

B: 내 생각에 나도 너만큼 많은 우표를 가지고 있는 것 같아.

선생님 한마디

'tanto/a/os/as'와 'como' 사이 에는 반드시 '명사'만이 올 수 있습 니다.

새단어

colección *f.* 수집
sello *m.* 우표
exactamente 정확하게

· 응용 패턴 ·

> 주어 + ser 동사 + igual de + 형용사/부사 + que ~ : ~는 ~만큼 ~하다

Esta bicicleta es igual de cara que esa.   이 자전거는 그 자전거만큼 비쌉니다.

Este coche es igual de moderno que el mío.   이 차는 제 차만큼 세련됐습니다.

Pattern 2

~만큼 ~하다 (형용사/부사)

tan ~ como ~

패턴·회화 연습 듣기

🎧 MP3 091

'tan ~ como ~'는 같은 정도의 형용사나 부사를 표현할 때, '~만큼 ~하다'라는 의미로 사용됩니다. 이때, 형용사를 비교하는 경우에는 꾸며주는 명사에 '성'과 '수'를 일치시켜야 합니다.

· 패턴 구조 · tan ~ como ~   ~만큼 ~하다

· 패턴 연습 · Él es tan alto como yo.   그는 저만큼 키가 큽니다.

 Ella es tan baja como yo.   그녀는 저만큼 키가 작습니다.

 Este coche es tan caro como aquel.   이 차는 저것만큼 비싸다.

 Tu mano está tan fría como el hielo.   네 손이 얼음장만큼 차갑다.

· 회화 연습 ·

A: ¿Te ayudo?

B: Sí, por favor. Tengo que mover estas cajas.

A: ¿Cuál es la más pesada?

B: Casi iguales. Esa es tan pesada como esta.

A: 내가 도와줄까?

B: 응, 부탁해. 이 상자들을 옮겨야 해.

A: 어떤 게 제일 무거워?

B: 비슷해. 그것도 이것만큼 무거워.

· 선생님 한마디 ·

같은 정도의 동사를 동등비교할 때는 「동사＋tanto como ~」로 표현합니다.

📝 También estudio tanto como tú.
 나도 너만큼 공부해.

· 새단어 ·

mano *f.* 손
frío/a 추운
mover 옮기다, 움직이다
igual 비슷한, 동등한

· 응용 패턴 ·

No es tan ~ como parece : 보기만큼 ~하지 않다

No es tan **viejo** como parece.   보기만큼 나이가 들지 않았습니다.

No es tan **fuerte** como parece.   보기만큼 강하지 않습니다.

Pattern 3

~보다 더 ~하다

más ~ que ~

패턴·회화 연습 듣기

🎧 MP3 092

우등비교에서는 '더 ~하다'라는 뜻의 'más'를 사용해서 표현합니다. 'más' 뒤에는 '명사/형용사/부사'를 넣고 'que'를 붙여 쓰지만, 동사의 정도를 비교할 때는 동사 뒤에 'más que'를 붙여서 표현합니다.

· 패턴 구조 ·

동사 + más que ~

~ más + 형용사/부사/명사 + que ~

~보다 더 ~하다

· 패턴 연습 ·

Trabajo más que tú.	나는 너보다 더 일을 한다.
Como más que antes.	저는 예전보다 더 먹습니다.
Hay más ventajas que desventajas.	장점이 단점보다 더 많습니다.
Esta fila es más rápida que aquella.	이 줄이 저곳보다 더 빠릅니다.

· 회화 연습 ·

A: ¿Qué tal tu nueva casa?

B: Es más amplia que antes.

A: ¡Qué bueno!

B: Me gusta mucho.

A: 너의 새 집은 어때?

B: 전보다 더 넓어.

A: 잘 됐다!

B: 너무 마음에 들어.

선 생 님 한 마 디

형용사를 비교하는 경우에는 꾸며 주는 명사에 '성'과 '수'를 일치시켜야 합니다.

새 단 어

ventaja *f.* 장점
desventaja *f.* 단점
rápido/a 빠른
amplio/a 넓은

· 응용 패턴 ·

mucho más ~ que ~ : ~보다 훨씬 더 ~하다

Fernando tiene mucho más dinero que yo.   페르난도는 저보다 훨씬 더 돈이 많습니다.

Mi hermano es mucho más inteligente que yo.   제 남동생은 저보다 훨씬 더 똑똑합니다.

Pattern 4

~보다 나이가 더 많다

mayor que ~

패턴·회화 연습 듣기

🎧 MP3 093

'mayor que ~'는 '~보다 나이가 더 많다'는 의미로, 기존의 우등비교 패턴과는 다릅니다. 'mayor'와 'que'는 반드시 붙여 쓰며 그사이에는 어떠한 요소도 올 수 없습니다.

| · 패턴 구조 · | ser 동사 + mayor que ~ | ~보다 나이가 더 많다 |

· 패턴 연습 ·	Él es mayor que yo.	그는 저보다 나이가 더 많습니다.
	Juan es mayor que tú.	후안이 너보다 나이가 더 많다.
	Soy mayor que vosotras.	내가 너희들보다 나이가 더 많다.
	Marta es mayor que Ana.	마르따는 아나보다 나이가 더 많습니다.

· 회화 연습 ·

A: ¿Cuántos años tiene usted?

B: Tengo treinta y dos años. ¿Y usted?

A: Tengo treinta años.

B: Entonces, soy mayor que usted.

A: 나이가 어떻게 되세요?

B: 저는 32살입니다. 당신은요?

A: 저는 30살이에요.

B: 그럼, 제가 당신보다 나이가 더 많네요.

선생님 한마디

정확한 나이 차이를 넣어 표현할 때는 「숫자+años+mayor que ~」 패턴을 사용합니다.

📝 Soy dos años mayor que tú.
내가 너보다 나이가 2살 더 많다.

· 응용 패턴 ·

ser 동사 + mucho mayor que ~ : ~보다 나이가 훨씬 많다

Pedro es mucho mayor que Daniel.   뻬드로는 다니엘보다 나이가 훨씬 많습니다.

Soy mucho mayor que mi hermana.   저는 제 여동생보다 나이가 훨씬 많습니다.

3단계 · 긴 문장 익히기   **155**

Pattern 5

~보다 덜 ~하다

menos ~ que ~

패턴·회화 연습 듣기

🎧 MP3 094

열등비교에서는 '덜 ~하다'라는 뜻의 'menos'를 사용해서 표현합니다. 'menos' 뒤에는 '명사/형용사/부사'를 넣고 'que'를 붙여 쓰지만, 동사의 정도를 비교할 때는 동사 뒤에 'menos que'를 붙여서 표현합니다. 이때, 형용사를 비교하는 경우에는 꾸며주는 명사에 '성'과 '수'를 일치시킵니다.

· 패턴 구조 ·

동사 + menos que ~
~ menos + 형용사/부사/명사 + que ~

~보다 덜 ~하다

· 패턴 연습 ·

Gasto menos que antes.	저는 예전보다 돈을 덜 씁니다.
Fumas menos que José.	너는 호세보다 담배를 덜 피운다.
Ella es menos alta que yo.	그녀는 저보다 키가 작습니다.
Este chocolate es menos dulce que ese.	이 초콜릿이 그것보다 덜 달콤합니다.

· 회화 연습 ·

A: Hay menos gente que ayer.

B: Es día laborable.

A: Tienes razón.

B: Podemos entrar más temprano.

A: 어제보다 사람이 적어.

B: 평일이잖아.

A: 네 말이 맞네.

B: 우리 더 일찍 들어갈 수 있겠다.

· 선생님 한마디 ·

비교급을 강조할 때는 'mucho'를 사용합니다.

· 새단어 ·

gastar 소비하다
antes 이전, 예전
dulce 단, 달달한
día laborable *m.* 평일
entrar 들어가다

· 응용 패턴 ·

mucho menos ~ que ~ : ~보다 훨씬 덜 ~하다

Las frutas están mucho menos caras que antes.   과일들이 예전보다 훨씬 덜 비쌉니다.

El español es mucho menos difícil que el inglés.   스페인어가 영어보다 훨씬 덜 어렵습니다.

~보다 나이가 더 적다

menor que ~

패턴·회화 연습 듣기

🎧 MP3 095

'menor que ~'는 '~보다 나이가 더 적다'라는 의미로, 기존의 열등비교 패턴과는 다릅니다. 'menor'와 'que'는 반드시 붙여 쓰며 그사이에는 어떠한 요소도 올 수 없습니다.

패턴 구조　ser 동사 + menor que ~　　~보다 나이가 더 적다

패턴 연습

Soy menor que usted.　　제가 당신보다 나이가 더 적습니다.

Juan es menor que Elena.　　후안은 엘레나보다 나이가 더 적습니다.

Mi mujer es menor que yo.　　제 아내는 저보다 나이가 더 적습니다.

Ana es menor que nosotros.　　아나는 우리보다 나이가 더 적다.

회화 연습

A: Mañana tengo una cita a ciegas.

B: ¿En serio? ¿Tiene la misma edad que tú?

A: No. Ella es menor que yo.

B: Espero una buena noticia.

A: 내일 나는 소개팅을 해.

B: 정말? 너랑 동갑이야?

A: 아니. 나보다 어려.

B: 좋은 소식을 기대할게.

선생님 한마디

정확한 나이 차이를 넣어 표현할 때는 「숫자+años+menor que ~」 패턴을 사용합니다.

📝 Soy dos años menor que tú.
내가 너보다 나이가 2살 더 적다.

새단어

edad f. 나이
noticia f. 소식

응용 패턴

ser 동사 + mucho menor que ~ : ~보다 나이가 훨씬 적다

Soy mucho menor que Julia.　　제가 훌리아보다 나이가 훨씬 적습니다.

¿Eres mucho menor que Inés?　　네가 이네스보다 나이가 훨씬 적니?

4단계

회화로
대화하기

11장

인사하기

앞서 배운 다양한 패턴을 바탕으로 실제 상황에서 자주 사용되는 회화 표현을 학습해 보세요. 먼저, 가장 많이 활용되는 기본 표현인 '인사하기'에 대한 패턴입니다. '핵심 어휘'도 함께 공부하면 패턴 학습이 훨씬 쉬워집니다.

- 만났을 때 인사하기

어휘	뜻	어휘	뜻
saludo	*m.* 인사	tarde	*f.* 오후
saludar	인사하다	noche	*f.* 밤
bueno/a	좋은	muy	아주, 매우
día	*m.* 날, 일	gusto	*m.* 기쁨, 즐거움

Hola. 안녕./안녕하세요.
Mucho gusto. 만나서 반갑습니다.

¿Qué tal? 어떻게 지내? ➡ Bien. 잘 지내요.
Mal. 잘 못 지내요.
Así así. 그럭저럭 지내요.

- 헤어질 때 인사하기

어휘	뜻	어휘	뜻
hasta	～까지	pronto	곧
luego	나중에	mañana	내일

Buen día. 좋은 하루 보내세요.
Buen fin de semana. 좋은 주말 보내세요.
Nos vemos. 다시 만나자.

좋은 ~입니다 (인사 표현)

Buenos/as ~

패턴·회화 연습 듣기

🎧 MP3 096

스페인어도 영어와 마찬가지로 시간대별로 구분해서 사용하는 인사 표현이 있습니다. 이러한 인사 표현은 단독으로 쓰기도 하지만, 상대방의 연령이나 성별에 상관없이 가볍게 쓸 수 있는 인사 표현인 'Hola' 뒤에 덧붙여서 쓰는 경우가 많습니다.

· 패턴 구조 ·	Buenos/as ~	좋은 ~입니다
· 패턴 연습 ·	Buenos días.	좋은 아침입니다.
	Buenas tardes.	좋은 오후입니다.
	Buenas noches.	좋은 밤입니다.

· 회화 연습 ·

A: ¡Hola! Buenos días, José.

B: Buenos días, Alicia. ¿Qué tal?

A: Bien. ¿Y tú?

B: Bien. Gracias.

A: 안녕! 좋은 아침이야, 호세.

B: 좋은 아침이야, 알리씨아. 어떻게 지내?

A: 잘 지내. 너는?

B: 잘 지내. 고마워.

· 선생님 한마디 ·

1. día는 '날, 일'을 의미하지만, 하루를 시작하는 아침에 하는 인사 표현으로 사용됩니다.

2. 저녁 인사인 'Buenas noches.'는 잠자리에 들기 전에 '잘 자, 안녕히 주무세요'의 의미로도 사용됩니다.

· 응용 패턴 ·

> Muy buenos/as ~ : 아주 좋은 ~입니다

Muy buenos días. 아주 좋은 아침입니다.

Muy buenas tardes. 아주 좋은 오후입니다.

환영합니다
Bienvenido/a/os/as ~

상대방을 초대했거나 또는 우리나라에 방문했을 때, 환영의 인사로 'Bienvenido'라는 표현을 사용합니다. 이 표현은 상대방이 누구냐에 따라 달라지므로 주의해야 합니다.

· 패턴 구조 ·	Bienvenido/a/os/as	환영합니다
· 패턴 연습 ·	Bienvenido.	환영합니다. (상대방이 남자 혼자일 때)
	Bienvenida.	환영합니다. (상대방이 여자 혼자일 때)
	Bienvenidos.	환영합니다. (상대방이 남자 여러 명일 때)
	Bienvenidas.	환영합니다. (상대방이 여자 여러 명일 때)

· 회화 연습 ·

A: ¿Es usted Carlos?

B: Sí, soy yo.

A: **Bienvenido. Soy Alicia.**

B: Mucho gusto, Alicia.

A: 당신이 까를로스인가요?

B: 네, 접니다.

A: 환영합니다. 저는 알리씨아예요.

B: 만나서 반가워요, 알리씨아.

선생님 한마디

1. 상대방이 남녀 혼성으로 여러 명일 경우에는 'Bienvenidos'를 사용합니다.

2. 'Bienvenido/a/os/as' 뒤에 '~에'를 의미하는 전치사 'a'를 붙이면 '~에 오신 것을 환영합니다' 라는 의미가 됩니다.

· 응용 패턴 ·

Bienvenido/a/os/as a ~ : ~에 오신 것을 환영합니다

Bienvenido a **Corea**.　　한국에 오신 것을 환영합니다.

Bienvenidos a **mi casa**.　　저희 집에 오신 것을 환영합니다.

~ 만나자

Hasta ~

패턴·회화 연습 듣기

🎧 MP3 098

'hasta'는 '~까지'라는 뜻 외에, 헤어질 때 하는 인사 표현으로 '만나자'라는 의미도 가지고 있습니다.

· 패턴 구조 ·	Hasta ~	~ 만나자
· 패턴 연습 ·	Hasta **luego**.	나중에 만나자.
	Hasta **la vista**.	다음에 만나자.
	Hasta **pronto**.	곧 만나자.
	Hasta **mañana**.	내일 만나자.

· 회화 연습 ·

A: Es hora de despedirnos.

B: ¿Ya te marchas?

A: Sí, hasta mañana.

B: Bueno. Adiós.

A: 이제 헤어질 시간이야.

B: 벌써 가려고?

A: 응, 내일 만나자.

B: 알겠어. 잘 가.

선생님 한마디

*mañana의 2가지 뜻
– 부사일 때 : 내일
– 명사일 때 : 아침

🔊 **Hasta** mañana.
내일 만나자.
Limpio la casa por la mañana.
저는 오전에 청소를 합니다.

새 단어

despedirse 헤어지다
marcharse 떠나다

· 응용 패턴 ·

¡Adiós! Hasta ~ : 잘 가! ~ 만나자

¡Adiós! Hasta **luego**.   잘 가! 나중에 만나자.

¡Adiós! Hasta **pronto**.   잘 가! 곧 만나자.

12장

사과하기
감사하기
축하하기

스페인어권 사람들은 일상생활에서 사과나 감사, 축하 표현을
자주 사용합니다. 그러므로, 일상에서 많이 사용하는 패턴으로
미리 학습해 보세요.

어휘부터 알고 가기 패턴에 필요한 핵심 어휘를 먼저 학습해 보세요.

- 사과하기

  Lo siento. 미안합니다. / 죄송합니다.

어휘	뜻	어휘	뜻
disculpar / perdonar	용서하다	perdón	*m.* 용서
disculpa	*f.* 사죄, 사과	molestia	*f.* 불편함

- 감사하기

  Gracias. 감사합니다. / 고맙습니다.

어휘	뜻	어휘	뜻
dar gracias	감사하다	agradecimiento	*m.* 고마움
agradecer	감사를 느끼다	favor	*m.* 호의

- 축하하기

  Enhorabuena. / Felicidades. 축하합니다.

어휘	뜻	어휘	뜻
felicitar	축하하다	felicitación	*f.* 축하

Pattern 1

~해서 죄송합니다

Lo siento por ~

패턴·회화 연습 듣기

🎧 MP3 099

상대방에게 미안한 마음을 표현하는 사과의 말은 'Lo siento.(미안합니다.)'입니다. 이 표현 뒤에 전치사 'por'을 결합하면 미안한 이유를 덧붙여서 표현할 수 있습니다.

• 패턴 구조 •	Lo siento por ~	~해서 죄송합니다
• 패턴 연습 •	Lo siento por **eso**.	그 일에 대해서 죄송합니다.
	Lo siento por **el ruido**.	시끄럽게 해서 죄송합니다.
	Lo siento por **el retraso**.	늦어서 죄송합니다.
	Lo siento por **la molestia**.	불편을 드려서 죄송합니다.

• 회화 연습 •

A: Lo siento por la espera.

B: No pasa nada.

A: Aquí tiene el recibo.

B: Gracias.

A: 기다리게 해서 죄송합니다.

B: 괜찮습니다.

A: 영수증은 여기 있습니다.

B: 감사합니다.

• 선생님 한마디 •

'Lo siento.'에서 'lo'는 중성 대명사로 상대방에게 미안함을 느끼는 사실을 대신해서 씁니다.

• 새 단어 •

espera *f.* 기다림
recibo *m.* 영수증

• 응용 패턴 •

Lo siento, pero ~ : 죄송합니다만, ~

Lo siento, pero **no tengo tiempo**.   죄송합니다만, 제가 시간이 없습니다.

Lo siento, pero **no puedo hacerlo**.   죄송합니다만, 저는 그 일을 할 수 없습니다.

Pattern 2

실례합니다만, ~

Disculpe, ~

패턴·회화 연습 듣기

🎧 MP3 100

어떤 행위를 하기 전 상대방에게 양해를 구하는 표현은 'Disculpe.(실례합니다.)'입니다. 이 표현 뒤에 양해를 구하는 내용을 붙여서 표현할 수 있습니다.

패턴 구조	Disculpe, ~	실례합니다만, ~

패턴 연습	Disculpe, quiero pasar.	실례합니다만, 지나가고 싶습니다.
	Disculpe, es mi asiento.	실례합니다만, 제 자리입니다.
	Disculpe, tengo una pregunta.	실례합니다만, 질문이 있습니다.
	Disculpe, ¿podría ayudarme?	실례합니다만, 저를 도와주실래요?

· 회화 연습 ·

A: Disculpe, ¿esta es la entrada?

B: Sí, pero necesita hacer fila.

A: Vale. Gracias.

B: De nada.

A: 실례합니다만, 여기가 입구인가요?

B: 네, 하지만 줄을 서야 합니다.

A: 알겠습니다. 감사합니다.

B: 별말씀을요.

선 생 님 한 마 디

용서를 의미하는 단어인 'perdón'을 감탄사처럼 활용하면 상대방에게 양해를 구하는 표현으로 사용됩니다.

새 단 어

asiento *m.* 좌석, 자리
hacer fila 줄을 서다

· 응용 패턴 ·

> Perdón, ~ : 실례합니다만, ~

Perdón, ¿habla inglés? 실례합니다만, 영어를 할 줄 아십니까?

Perdón, ¿tiene el plano de metro? 실례합니다만, 지하철 노선도가 있습니까?

~에 감사합니다
Gracias por ~

상대방에게 고마운 마음을 표현하는 감사의 말은 'Gracias.(감사합니다.)'입니다. 이 표현 뒤에 전치사 'por'을 결합하면 고마운 이유에 대해서도 함께 표현할 수 있습니다.

· 패턴 구조 ·	Gracias por ~	~에 감사합니다
· 패턴 연습 ·	Gracias por **todo**.	여러모로 감사합니다. (직역 : 모든 것에 감사합니다.)
	Gracias por **su visita**.	와주셔서 감사합니다.
	Gracias por **lo de ayer**.	어제 일은 감사합니다.
	Gracias por **invitarme**.	저를 초대해 주셔서 감사합니다.

· 회화 연습 ·

A: ¡Qué casa tan bonita!
B: Gracias por su visita.
A: De nada.
B: Está en su casa.

A: 집이 너무 예쁘네요!
B: 와주셔서 감사합니다.
A: 별말씀을요.
B: 편히 계세요.

선생님 한마디

1. 감사 인사를 강조하는 표현을 쓸 때는 보통 'mucho'를 사용합니다. 이때, 'Gracias'에 맞춰 'muchas'로 변형해서 씁니다.

2. 'Está en su casa.'는 직역하면 '당신은 당신의 집에 있다.'이지만, 당신 집처럼 편하게 있으라는 의미로 초대한 사람이 손님에게 건네는 일반적인 인사 표현입니다.

새단어

todo 모든 것
visita *f.* 방문
ayer 어제

· 응용 패턴 ·

Muchas gracias por ~ : ~에 정말 감사합니다

Muchas gracias por **su ayuda**.   도와주셔서 정말 감사합니다.

Muchas gracias por **sus atenciones**.   배려해 주셔서 정말 감사합니다.

~을 축하합니다
Feliz ~

'feliz'는 '행복한'의 의미를 가진 단어이지만, 뒤에 행사나 기념일과 관련된 단어를 결합하면 상대방에게 축하의 표현을 전달하는 의미가 됩니다.

패턴 구조 Feliz ~   ~을 축하합니다

패턴 연습

Feliz cumpleaños.	생일을 축하합니다.
Feliz Navidad.	메리 크리스마스. (직역 : 크리스마스를 축하합니다.)
Feliz Año Nuevo.	새해 복 많이 받아. (직역 : 새해를 축하합니다.)
Feliz aniversario de bodas.	결혼기념일을 축하합니다.

회화 연습

A: ¡Feliz cumpleaños!
B: ¡Qué sorpresa! Muchas gracias.
A: Pide tu deseo.
B: De acuerdo.

A: 생일을 축하해!
B: 깜짝이야! 정말 고마워.
A: 소원 빌어야지.
B: 알겠어.

새 단어

Navidad *f.* 크리스마스
Año Nuevo *m.* 새해
aniversario *m.* 기념일
boda *f.* 결혼
deseo *m.* 소원, 희망

응용 패턴

Le felicito por ~ : ~을 진심으로 축하합니다

Le felicito por su casamiento.   결혼을 진심으로 축하합니다.
Le felicito por su graduación.   졸업을 진심으로 축하합니다.

좋은 ~ 되길 바라요!

¡Que tenga buen ~!

패턴·회화 연습 듣기

🎧 MP3 103

'가지고 있다'를 의미하는 동사 tener를 활용하여 '좋은 ~ 되기를 바란다'는 표현으로 '¡Que tenga buen ~!' 패턴을 사용합니다.

| 패턴 구조 | ¡Que tenga buen ~! | 좋은 ~ 되길 바라요! |

패턴 연습	¡Que tenga buen día!	좋은 하루가 되길 바라요!
	¡Que tenga buen viaje!	좋은 여행이 되길 바라요!
	¡Que tenga buen camino!	좋은 여행이 되길 바라요! (산티아고 순례자의 길 위에서)
	¡Que tenga buen fin de semana!	좋은 주말이 되길 바라요!

회화 연습

A: Es la primera vez que viajo al extranjero.

B: ¿De veras?

A: Por eso estoy a la espera del viaje.

B: ¡Que tenga buen viaje!

A: 이번이 제가 처음 해외여행을 가는 거예요.

B: 정말요?

A: 그래서 여행을 기대하고 있어요.

B: 좋은 여행이 되길 바라요!

선생님 한마디

1. 'tenga'는 tener 동사의 접속법 현재시제에 해당하는 변화형으로 '주어가 상대방이 좋은 ~을 가지길 바라는 마음'을 표현할 때 사용합니다.

2. 편한 사이에는 '¡Que tengas buen ~!'으로 사용합니다.

새 단어

viaje *m.* 여행
camino *m.* 길
fin de semana *m.* 주말
primero/a 첫 번째의
vez *f.* 횟수, 번
viajar al extranjero
해외로 여행가다

응용 패턴

¡Que tengas buen ~! : 좋은 ~ 되길 바라!

¡Que tengas buen viaje!   좋은 여행이 되길 바라!

¡Que tengas buen fin de semana!   좋은 주말이 되길 바라!

13장

날짜 & 시간

스페인어로 날짜와 시간을 표현할 때는 공통적으로 ser 동사를
활용합니다. 날짜와 시간을 묻고 답하는 표현을 패턴으로 학습
해 보세요. '핵심 어휘'도 함께 공부하면 패턴 학습이 훨씬 쉬워
집니다.

• 시간

어휘	뜻	어휘	뜻
hora	*f.* 시간	mediodía	*m.* 정오
minuto	*m.* 분	medianoche	*f.* 자정
segundo	*m.* 초	mañana	*f.* 오전, 아침
cuarto	*m.* 15분, 4분의 1	tarde	*f.* 오후
media	*f.* 30분, 2분의 1	noche	*f.* 저녁, 밤
en punto	정각	madrugada	*f.* 새벽

• 날짜

어휘	뜻	어휘	뜻
lunes	*m.* 월요일	día	*m.* 일, 날
martes	*m.* 화요일	mes	*m.* 월
miércoles	*m.* 수요일	año	*m.* 연, 해
jueves	*m.* 목요일	semana	*f.* 주
viernes	*m.* 금요일	fin de semana	*m.* 주말
sábado	*m.* 토요일	días de la semana	요일
domingo	*m.* 일요일	hoy	오늘
enero	*m.* 1월	ayer	어제
febrero	*m.* 2월	anteayer	그저께
marzo	*m.* 3월	mañana	내일
abril	*m.* 4월	pasado mañana	모레
mayo	*m.* 5월	este año	올해
junio	*m.* 6월	año pasado	*m.* 작년
julio	*m.* 7월	próximo año	*m.* 내년
agosto	*m.* 8월	este mes	이번 달
septiembre	*m.* 9월	mes pasado	*m.* 지난달
octubre	*m.* 10월	próximo mes	*m.* 다음 달
noviembre	*m.* 11월	esta semana	이번 주
diciembre	*m.* 12월	semana pasada	*f.* 지난 주
fecha	*f.* 날짜	próxima semana	*f.* 다음 주

Pattern 1

~시다

Es la ~ / Son las ~

패턴·회화 연습 듣기

🎧 MP3 104

시간을 묻고 답할 때는 ser 동사와 여성 정관사를 사용합니다. 시간이 1시인 경우에는 단수형인 'Es la ~'를 사용하고 그 외에는 복수형인 'Son las ~'의 패턴을 활용해서 시간을 표현합니다.

• 패턴 구조 •   Es la ~ / Son las ~   ~시다

• 패턴 연습 •   Es la **una**.   1시입니다.

Son las **tres**.   3시입니다.

Son las **seis y cinco**.   6시 5분입니다.

Son las **nueve y media**.   9시 30분입니다.

• 회화 연습 •

A: ¿Qué hora es ahora?

B: Son las seis.

A: Vamos a poner la mesa.

B: Vale.

A: 지금 몇 시니?

B: 6시야.

A: 식사 준비하자.

B: 알겠어.

선생님 한마디

1. 시간을 묻는 표현은 '¿Qué hora es?(몇 시예요?)'입니다.

2. 분을 표현할 때는 시간 뒤에 'y'를 쓰고, 분 단위를 말합니다.

📣 Son las dos y diez.
   2시 10분입니다.

3. 30분 이후의 분 단위는 보통 '~시 ~분 전'으로 표현합니다.

📣 Son las dos menos cinco.
   2시 5분 전입니다. (1시 55분)

새 단어

poner la mesa
식사를 준비하다

• 응용 패턴 •

시간 + menos + 분 : ~시 ~분 전

Es la una menos cuarto.   1시 15분 전입니다. (12시 45분)

Son las cuatro menos cinco.   4시 5분 전입니다. (3시 55분)

4단계 · 회화로 대화하기   **177**

Pattern 2

오전/오후 ~시다

~ de la mañana/tarde

패턴·회화 연습 듣기

🎧 MP3 105

시간을 말할 때 오전과 오후를 명확하게 표현하려면, 시간 표현 뒤에 '오전에'의 의미인 'de la mañana'와 '오후에'의 의미인 'de la tarde'를 결합시켜서 표현합니다.

· 패턴 구조 ·

| 시간 + de la mañana | 오전 ~시다 |
| 시간 + de la tarde | 오후 ~시다 |

· 패턴 연습 ·

Son las siete de la mañana.	오전 7시입니다.
Son las once y cuarto de la mañana.	오전 11시 15분입니다.
Son las dos de la tarde.	오후 2시입니다.
Son las tres menos cinco de la tarde.	오후 3시 5분 전입니다.

· 회화 연습 ·

A: ¿Cuándo es la reunión?

B: Es a la una de la tarde, ¿no?

A: Pero ahora son las dos de la tarde.

B: ¡Qué raro! Voy a confirmarlo.

A: 회의가 언제지?

B: 오후 1시, 아니야?

A: 그런데 지금 오후 2시야.

B: 이상하다! 내가 확인해 볼게.

· 선생님 한마디 ·

문장에서 별도의 시간 표현 없이 '오전/오후에'만을 말할 때는 'por la mañana'와 'por la tarde'로 표현합니다.

예) Estudio por la mañana.
저는 오전에 공부합니다.

Trabajo por la tarde.
저는 오후에 일합니다.

· 응용 패턴 ·

> 시간 + de la noche : 밤 ~시다

| Son las diez de la noche. | 밤 10시입니다. |
| Son las doce de la noche. | 밤 12시입니다. |

~시에 ~하다
~ a la/las ~

일정이나 행사의 시간을 표현할 때는 전치사 'a'가 필요합니다. 이 경우에도 시간이 1시인 경우에는 여성 단수 정관사를 사용한 'a la ~'를 사용하고 그 외에는 복수 정관사를 사용한 'a las ~'의 패턴을 활용해서 표현합니다.

· 패턴 구조 ·

동사 + a la/las ~   ~시에 ~하다

· 패턴 연습 ·

Salimos a la una.	우리 1시에 나가자.
El concierto empieza a las ocho.	콘서트는 8시에 시작합니다.
La tienda abre a las nueve y media.	상점은 9시 30분에 엽니다.
Ella sale del trabajo a las seis y diez.	그녀는 6시 10분에 퇴근합니다.

· 회화 연습 ·

A: Voy al supermercado.

B: Pero ya es demasiado tarde.

A: ¿A qué hora cierran?

B: Cierra a las diez en punto.

A: 슈퍼마켓 좀 다녀올게.

B: 그런데 너무 늦었어.

A: 몇 시에 문 닫는데?

B: 10시 정각에 닫아.

· 선생님 한마디 ·

일정이나 행사의 시간을 묻는 표현은 '¿A qué hora ~?(몇 시에 ~합니까?)'를 사용합니다.

· 새 단어 ·

empezar 시작하다
tienda f. 상점, 가게
cerrar 닫다

· 응용 패턴 ·

¿A qué hora ~? : 몇 시에 ~하나요?

¿A qué hora duerme usted?	당신은 몇 시에 자나요?
¿A qué hora sales del trabajo?	너는 몇 시에 퇴근하니?

오늘은 ~월 ~일이다

Hoy es ~ de ~

패턴·회화 연습 듣기

🎧 MP3 107

날짜를 표현할 때는 한국어의 어순과 다르게 '일 → 월' 순으로 말합니다. 그리고 일과 월 사이는 전치사 'de'로 연결합니다.

· 패턴 구조 · Hoy es + 일 + de + 월   오늘은 ~월 ~일이다

· 패턴 연습 ·

Hoy es **tres** de **enero.**   오늘은 1월 3일입니다.

Hoy es **quince** de **junio.**   오늘은 6월 15일입니다.

Hoy es **veintidós** de **octubre.**   오늘은 10월 22일입니다.

Hoy es **treinta y uno** de **diciembre.**   오늘은 12월 31일입니다.

· 회화 연습 ·

A: ¿Qué fecha es hoy?

B: Hoy es doce de marzo.

A: Tu cumpleaños es mañana, ¿verdad?

B: Sí, exacto.

A: 오늘 며칠이야?

B: 오늘은 3월 12일이야.

A: 네 생일이 내일이지, 맞지?

B: 응, 맞아.

선 생 님 한 마 디

1. 날짜를 묻는 표현은 '¿Qué fecha es hoy? (오늘 며칠이에요?)'입니다.

2. '1일'은 영어와 마찬가지로 '첫 번째'의 의미인 'el primero'로 표현할 수 있습니다.

📝 Hoy es el primero de febrero.
오늘은 2월 1일이다.

새 단 어

exacto 정확한

· 응용 패턴 ·

Mañana es + 일 + de + 월 : 내일은 ~월 ~일이다

Mañana es **dos** de **enero.**   내일은 1월 2일입니다.

Mañana es **catorce** de **febrero.**   내일은 2월 14일입니다.

Pattern 5

~은 ~월 ~일이다

~ es el ~ de ~

패턴·회화 연습 듣기

🎧 MP3 108

오늘 날짜가 아닌 '특정한 행사나 기념일의 날짜를 표현할 때'는 남성 단수 정관사 'el'을 사용합니다.

· 패턴 구조 ·

명사 + es el + 일 + de + 월   ~은 ~월 ~일이다

· 패턴 연습 ·

El examen es el treinta de abril.   시험은 4월 30일입니다.

La boda es el dos de septiembre.   결혼식은 9월 2일입니다.

Mi cumpleaños es el once de julio.   제 생일은 7월 11일입니다.

La fecha de salida es el veinte de enero.   출발일은 1월 20일입니다.

· 회화 연습 ·

A: ¿Cuándo es tu boda?

B: Es el diez de mayo.

A: ¿A dónde vas de luna de miel?

B: Vamos a pasarla en España.

A: 네 결혼식이 언제지?

B: 5월 10일이야.

A: 신혼여행은 어디로 가?

B: 우리는 스페인에서 보낼 거야.

선 생 님 한 마 디

오늘이 생일이더라도 상대방이 나에게 생일이 언제인지를 물어본 경우에는 정관사를 넣어 대답해야 합니다.

새 단 어

fecha de salida *f.* 출발일
luna de miel *f.* 신혼여행

· 응용 패턴 ·

a principios/finales de + 월 : ~월 초/말

a principios de marzo   3월 초

a finales de diciembre   12월 말

~부터 ~까지

desde ~ hasta ~

패턴·회화 연습 듣기

🎧 MP3 109

시간 또는 날짜 표현에서 'desde ~ hasta ~'는 '~(언제)부터 ~(언제)까지'를 표현할 때 사용됩니다. 이 경우 시간과 날짜 앞에 정관사 25p. 참고 를 반드시 사용해야 합니다.

패턴 구조	desde ~ hasta ~	~부터 ~까지

패턴 연습	desde las cuatro hasta las seis	4시부터 6시까지
	desde el lunes hasta el viernes	월요일부터 금요일까지
	desde el dos hasta el diez de marzo	3월 2일부터 10일까지
	Estoy de vacaciones desde hoy hasta mañana.	저는 오늘부터 내일까지 휴가입니다.

회화 연습

A: ¿Cuál es el horario de trabajo?

B: Desde las nueve hasta las seis.

A: ¿Desde el lunes hasta el viernes?

B: Sí.

A: 근무시간이 어떻게 되나요?

B: 9시부터 6시까지입니다.

A: 월요일부터 금요일까지요?

B: 네.

선생님 한마디

1. 'desde'와 'hasta' 사이에 장소를 넣으면 '~(어디)에서 ~(어디)까지'를 나타냅니다.

(예) Voy en coche desde Busan hasta Seúl.
저는 부산에서 서울까지 차로 갑니다.

2. '~부터 ~까지'의 의미로 '~ de ~ a'를 쓰기도 합니다.

새단어

horario de trabajo
m. 근무시간

응용 패턴

de ~ a ~ : ~부터 ~까지

¿Trabajas de lunes a sábado? 너는 월요일부터 토요일까지 일하니?

Tengo tiempo de una a dos. 저는 1시부터 2시까지 시간이 있습니다.

Pattern 7

~하기 전에/~ 전에

antes de ~

패턴·회화 연습 듣기

🎧 MP3 110

'antes de ~'는 '~하기 전에'라는 뜻으로, 'antes de ~' 바로 뒤에 동사원형이 오면 '그 행위를 하기 전에'를 의미하고, 일정이나 행사와 관련된 명사가 오면 '그 일 전에'를 의미합니다.

· 패턴 구조 ·

antes de + 동사원형	~하기 전에
antes de + 명사(일정/행사)	~ 전에

· 패턴 연습 ·

antes de dormir	자기 전에
antes de anochecer	어두워지기 전에
Antes de comer, bebo agua.	밥 먹기 전에 저는 물을 마십니다.
Vamos a tomar algo antes de la clase.	수업하기 전에 우리 뭐 좀 마시자.

· 회화 연습 ·

A: ¿A qué hora duermes?
B: Duermo antes de medianoche.
A: ¿Qué haces antes de dormir?
B: Normalmente escucho música.

A: 너는 몇 시에 자니?
B: 나는 밤 12시 전에 자.
A: 자기 전에 뭐 하니?
B: 보통 음악을 들어.

· 선생님 한마디 ·

1. 「antes de+시간」은 '~시 전에'의 의미를 나타냅니다.
🔊 antes de las nueve
9시 전에

2. 시간 관련 단어 뒤에 'antes'를 단독으로 사용하면 '~ 전'의 의미가 됩니다.

· 새 단어 ·

anochecer 어두워지다

· 응용 패턴 ·

~ antes : ~ 전

un día antes	하루 전
dos horas nates	2시간 전

Pattern 8

~한 후에

después de ~

패턴·회화 연습 듣기

🎧 MP3 111

'después de ~'는 '~한 후에'라는 뜻으로, 바로 뒤에 동사원형이 오면 '그 행위를 한 후'를 의미하고, 일정이나 행사와 관련된 명사가 오면 '그 일 후'를 의미합니다.

· 패턴 구조 ·

después de + 동사원형
después de + 명사(일정/행사)

~한 후에

· 패턴 연습 ·

después de desayunar	아침 식사를 한 후에
después de pagar	지불한 후에
Después de una pausa, vamos a seguir.	우리 잠시 쉰 후에 계속하자.
Hago ejercicio después de comer.	식사를 한 후에 저는 운동을 합니다.

· 회화 연습 ·

A: ¿Qué haces después del trabajo?

B: Nada en especial.

A: Pues, ¿qué tal si tomamos un trago?

B: Muy buena idea.

A: 너는 근무 후에 뭐 해?

B: 특별한 건 없어.

A: 그럼, 우리 한잔하는 거 어때?

B: 아주 좋은 생각이지.

· 선생님 한마디 ·

1. 「después de+시간」은 '~ 시 후에'의 의미를 나타냅니다.

⑩ después de la una
   1시 후에

2. 시간 관련 단어 뒤에 'después'를 단독으로 쓰면 '~후'라는 의미로 표현됩니다.

· 새 단어 ·

pagar 지불하다
pausa *f.* 쉼, 휴식
seguir 계속하다
trago *m.* 한 입, 한 모금

· 응용 패턴 ·

~ después : ~ 후

media hora después   30분 후
una semana después   일주일 후

~한 지 ~ 되었다

Hace ~ que ~

패턴·회화 연습 듣기

🎧 MP3 112

'Hace ~ que ~'는 '~한 지 ~ 되었다'는 의미로, 어떠한 '행위를 한 기간을 말할 때' 사용됩니다. 'hace'는 'hacer(하다) 동사'의 3인칭 단수형으로 이 패턴에서는 다른 형태로 변형되지 않습니다.

· 패턴 구조 ·	Hace ~ que ~

~한 지 ~ 되었다

· 패턴 연습 ·

Hace un año que tengo novio.   저는 남자친구가 생긴 지 1년 되었습니다.

Hace dos meses que vivo aquí.   제가 이곳에 산 지 2달 되었습니다.

Hace mucho tiempo que no te veo.   너를 못 본 지 오래되었어.

Hace poco tiempo que estudio español.

저는 스페인어를 배운 지 얼마 안 되었습니다.

· 회화 연습 ·

A: ¡Mira quién está aquí!

B: ¿Luis? ¡Qué casualidad!

A: Hace mucho tiempo que no te veo.

B: Sí, ¡cuánto tiempo!

A: 아니 이게 누구야!

B: 루이스? 이런 우연이 다 있네!

A: 너를 못 본 지 오래됐네.

B: 맞아, 얼마 만이야!

· 선 생 님 한 마 디 ·

기간 표현을 문장 뒤로 옮길 수도 있습니다. 단, 접속사 que는 사라집니다.

㉄ Hace dos meses que vivo aquí.
= Vivo aquí hace dos meses.
제가 이곳에 산 지 2달 되었습니다.

· 새 단 어 ·

mirar 보다

· 응용 패턴 ·

¿Cuánto tiempo hace que ~? : ~한 지 얼마나 됐나요?

¿Cuánto tiempo hace que esperas a José?   호세를 기다린 지 얼마나 됐니?

¿Cuánto tiempo hace que trabaja usted aquí?   여기서 일하신 지 얼마나 됐나요?

Pattern 10

~부터 ~하다

~ desde hace ~

패턴·회화 연습 듣기

🎧 MP3 113

'~ desde hace ~'는 '~부터 ~하다'라는 의미로, 어떤 '행위가 시작된 시점을 표현하고자 할 때' 사용됩니다. 'desde hace ~' 뒤에는 행위가 시작된 시점을 넣어서 표현합니다.

· 패턴 구조 ·　~ desde hace **+** 행위 시작 시점　　~부터 ~하다

· 패턴 연습 ·　Somos amigos desde hace diez años.

10년 전부터 우리는 친구야.

Trabajo aquí desde hace mucho tiempo.

저는 오래전부터 이곳에서 일하고 있습니다.

Me duele la cabeza desde hace unos días.

며칠 전부터 제 머리가 아픕니다.

· 회화 연습 ·

A: ¿Conoces a Alejandro?

B: Por supuesto.

A: ¿Desde cuándo?

B: Somos amigos desde hace mucho tiempo.

A: 너 알레한드로 알아?

B: 물론이지.

A: 언제부터?

B: 오래전부터 우리는 친구야.

· 선 생 님 한 마 디 ·

1. 'desde hace ~'는 문장에서의 위치는 자유로우나 보통 맨 뒤에 오는 경우가 많습니다.

2. 'desde'는 '~부터'의 의미로 의문사 'Cuándo(언제)'와 함께 쓰여 언제부터 그 행위를 해왔는지 묻는 표현을 나타냅니다.

· 응용 패턴 ·

> ¿Desde cuándo ~? : 언제부터 ~했나요?

¿Desde cuándo lo sabes?　　　　　너는 언제부터 그 사실을 알았니?

¿Desde cuándo habla usted español?　당신은 언제부터 스페인어를 했나요?

오늘은 ~요일입니다
Hoy es + 요일

패턴·회화 연습 듣기

🎧 MP3 114

요일을 표현할 때도 마찬가지로 ser 동사를 활용하고, '요일' 앞에는 관사를 쓰지 않는 것이 일반적입니다.

· 패턴 구조 · Hoy es + 요일   오늘은 ~요일입니다

· 패턴 연습 · Hoy es **lunes**.   오늘은 **월요일**입니다.

Hoy es **martes**.   오늘은 **화요일**입니다.

Hoy es **jueves**.   오늘은 **목요일**입니다.

Hoy es **domingo**.   오늘은 **일요일**입니다.

· 회화 연습 ·

A: ¿Qué día es hoy?

B: Hoy es miércoles.

A: Entonces, pasado mañana es viernes, ¿verdad?

B: Sí, exacto.

A: 오늘이 무슨 요일이죠?

B: 오늘은 수요일이에요.

A: 그럼, 모레는 금요일이네요, 맞죠?

B: 네, 맞아요.

선생님 한마디

1. 요일을 묻는 표현은 '¿Qué día es hoy?(오늘이 무슨 요일인가요?)입니다.

2. 특정 행사나 기념일에 해당하는 요일을 물을 때는 '¿En qué día cae ~'라는 패턴 표현을 사용합니다.

새 단어

pasado mañana 모레

· 응용 패턴 ·

¿En qué día cae ~? : ~은 무슨 요일입니까?

¿En qué día cae **tu cumpleaños**?   네 생일은 무슨 요일이니?

¿En qué día cae **la Semana Santa**?   부활절은 무슨 요일입니까?

14장

날씨 & 계절

지구 반대편에 있는 라틴아메리카 국가들은 우리나라와 다른 날씨를 보입니다. 날씨와 계절에 대해 묻고 답하는 표현을 패턴으로 학습해 보세요. '핵심 어휘'도 함께 공부하면 패턴 학습이 훨씬 쉬워집니다.

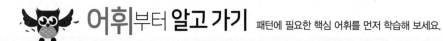

어휘부터 알고 가기 패턴에 필요한 핵심 어휘를 먼저 학습해 보세요.

• 계절

어휘	뜻	어휘	뜻
primavera	*f.* 봄	otoño	*m.* 가을
verano	*m.* 여름	invierno	*m.* 겨울

• 날씨

어휘	뜻	어휘	뜻
tiempo	*m.* 날씨	niebla	*f.* 안개
clima	*m.* 기후	temperatura	*m.* 기온
estación	*f.* 계절	cielo	*m.* 하늘
sol	*m.* 해	despejado/a	맑은, 갠
viento	*m.* 바람	nublado/a	구름이 낀
lluvia	*f.* 비	nube	*f.* 구름
nieve	*f.* 눈	fresco/a	시원한, 신선함
tifón	*m.* 태풍	relámpago	*m.* 번개
tormenta	*f.* 폭풍우	trueno	*m.* 천둥
hielo	*m.* 얼음	frío	*m.* 추위
calor	*m.* 더위	húmedo/a	습한
humedad	*f.* 습기	seco/a	건조한

Pattern 1

오늘은 날씨가 ~

Hoy hace ~

패턴·회화 연습 듣기

🎧 MP3 115

날씨를 표현할 때는 hacer(하다) 동사를 사용하는데, 이 표현은 비인칭 구문이므로, 동사는 항상 3인칭 단수형인 'hace'를 사용합니다. 특히 '오늘 날씨에 대해 말하고 싶을 때'는 'hoy'를 함께 사용합니다.

· 패턴 구조 ·	Hoy hace ~	오늘은 날씨가 ~
· 패턴 연습 ·	Hoy hace **frío**.	오늘은 날씨가 **춥습니다**.
	Hoy hace **calor**.	오늘은 날씨가 **덥습니다**.
	Hoy hace **mal tiempo**.	오늘은 날씨가 **좋지 않습니다**.
	Hoy hace **buen tiempo**.	오늘은 날씨가 **좋습니다**.

· 회화 연습 ·

A: Tengo mucho calor.

B: Sí. Hoy también hace calor.

A: ¿Quieres tomar algo fresco?

B: ¡Buena idea!

A: 나는 너무 더워.

B: 맞아. 오늘도 날씨가 덥네.

A: 시원한 것 좀 마실래?

B: 좋은 생각이야!

선생님 한마디

1. 사람이 느끼는 더위 또는 추위를 표현할 때는 tener(가지다) 동사를 사용합니다.

예 Tengo calor. 저는 덥습니다.
¿Tienes frío? 춥니?

2. bueno와 malo는 tiempo라는 남성 단수 명사 앞에 오면 '-o'가 탈락한 'buen'과 'mal'로 변형됩니다.

· 응용 패턴 ·

¿Qué tiempo hace ~? : ~ 날씨가 어때요?

¿Qué tiempo hace **hoy**?   오늘 날씨가 어때요?

¿Qué tiempo hace **mañana**?   내일 날씨가 어때요?

날씨가 ~

Está + 형용사(날씨)

'hacer'외에 estar(이다) 동사로 날씨를 표현하기도 합니다. estar(이다) 동사의 3인칭 단수형인 'está' 뒤에 날씨와 관련된 형용사와 결합하면 '날씨가 ~하다'라는 의미가 됩니다. 이 표현 역시 비인칭 구문이므로, 동사는 항상 'está'를 사용합니다.

· 패턴 구조 ·	Está + 형용사	날씨가 ~

· 패턴 연습 ·	Está caluroso.	날씨가 무덥습니다.
	Está nublado.	날씨가 흐립니다.
	Está inestable.	날씨가 불안정합니다. (날씨가 오락가락합니다.)
	Está despejado.	날씨가 화창합니다.

· 회화 연습 ·

A: ¿Qué tiempo hace hoy?

B: Hace un poco de frío.

A: ¿En serio?

B: Además, está nublado.

A: 오늘은 날씨가 어때?

B: 조금 추워.

A: 정말?

B: 게다가, 날씨가 흐려.

선생님 한마디

1. 날씨와 관련된 형용사의 경우에는 남성형만 사용합니다.

2. 부사 'muy(매우)'는 형용사를 꾸며줄 때 사용합니다.

새단어

caluroso/a 무더운
inestable 불안정한

· 응용 패턴 ·

Está muy + 형용사 : 날씨가 매우 ~

Está muy nublado.　　　날씨가 매우 흐립니다.
Está muy despejado.　　날씨가 매우 화창합니다.

Pattern

3

~의 날씨가 어떠니?

¿Qué tiempo hace en ~?

패턴·회화 연습 듣기

🎧 MP3 117

날씨를 묻는 표현은 '¿Qué tiempo hace?(날씨가 어때요?)'입니다. 이 구문 뒤에 전치사 'en'과 장소를 나타내는 명사를 결합시키면, 어떤 장소의 날씨에 대해 궁금할 때 쓰는 표현인 '~의 날씨가 어때요?'라는 의미가 됩니다.

· 패턴 구조 · ¿Qué tiempo hace en + 명사(장소)? ~의 날씨가 어떠니?

· 패턴 연습 ·

¿Qué tiempo hace en **tu país**? 네 나라의 날씨가 어떠니?

¿Qué tiempo hace en **tu ciudad**? 네 도시의 날씨가 어떠니?

¿Qué tiempo hace en **Corea**? 한국의 날씨가 어떻습니까?

¿Qué tiempo hace en **España**? 스페인의 날씨가 어떻습니까?

· 회화 연습 ·

A: ¿Qué tiempo hace en México?

B: Hace mucho calor.

A: Ahora Corea es invierno. Y hace mucho frío.

B: ¡Qué interesante!

A: 멕시코의 날씨는 어때요?

B: 많이 더워요.

A: 지금 한국은 겨울이에요. 그래서 날씨가 많이 추워요.

B: 흥미롭네요!

선생님 한마디

'~ 계절에'를 표현할 때 일반적인 계절의 경우, 관사 없이 전치사 'en' 뒤에 바로 '계절명'을 붙여 표현합니다.

새단어

país *m.* 나라

· 응용 패턴 ·

¿Qué tiempo hace en + 계절? : ~에는 날씨가 어때요?

¿Qué tiempo hace en **otoño**? 가을에는 날씨가 어떻습니까?

¿Qué tiempo hace en **primavera**? 봄에는 날씨가 어떻습니까?

비가 ~ 오다

Llueve ~

'llover'는 '비가 오다'라는 의미의 동사입니다. 변화형이 3인칭 단수형 'llueve'만 있는 동사로써, 'llueve' 뒤에 '비가 오는 양이나 상황' 등을 결합시켜서 비가 오는 날씨를 다양하게 표현할 수 있습니다.

· 패턴 구조 ·   Llueve ~   비가 ~ 오다

· 패턴 연습 ·

Llueve **poco**.	비가 아주 조금 옵니다.
Llueve **mucho**.	비가 많이 옵니다.
Llueve **sin parar**.	비가 쉬지 않고 옵니다.
Llueve **todo el día**.	비가 하루 종일 옵니다.

· 회화 연습 ·

A: Mamá, ya me voy.

B: Tienes que llevar paraguas.

A: ¿Por qué?

B: Llueve mucho ahora.

A: 엄마, 저 이제 가요.

B: 우산 챙겨야 해.

A: 왜요?

B: 지금 비가 많이 와.

· 선 생 님 한 마 디 ·

'비가 올 예정이다'를 표현할 때는 「ir a+동사원형」 구문을 활용하면 됩니다.

⑩ Va a llover.
   비가 올 예정입니다.

· 새 단 어 ·

parar 멈추다
todo el día 하루 종일
paraguas *m.* 우산

· 응용 패턴 ·

> Si llueve, ~ : 비가 온다면, ~

Si llueve, no podemos ir.	비가 온다면, 우리는 갈 수 없어.
Si llueve, tengo que estar en casa.	비가 온다면, 나는 집에 있어야 해.

Pattern 5

눈이 ~ 오다

Nieva ~

패턴·회화 연습 듣기

🎧 MP3 119

'nevar'는 '눈이 오다'라는 의미의 동사입니다. 변화형이 3인칭 단수형 'nieva'만 있는 동사로써, 'nieva' 뒤에 '눈이 오는 양이나 상황' 등을 결합시켜서 눈이 오는 날씨를 다양하게 표현할 수 있습니다.

· 패턴 구조 ·	Nieva ~	눈이 ~ 오다
· 패턴 연습 ·	Nieva poco.	눈이 아주 조금 옵니다.
	Nieva mucho.	눈이 많이 옵니다.
	Nieva a menudo.	눈이 자주 옵니다.
	Nieva todo el invierno.	겨울 내내 눈이 옵니다.

· 회화 연습 ·

A: Hoy hace mucho frío.

B: También nieva mucho.

A: ¿Te gusta la nieve?

B: Sí, es romántica.

A: 오늘 날씨 정말 춥다.

B: 눈도 엄청 와.

A: 너 눈 좋아해?

B: 응, 로맨틱하잖아.

선생님 한마디

'눈이 올 예정이다'를 표현할 때는 「ir a+동사원형」 구문을 활용하면 됩니다.

예 Va a nevar.
눈이 올 예정입니다.

새 단어

invierno *m.* 겨울
nieve *f.* 눈
romántico/a 로맨틱한

· 응용 패턴 ·

Si nieva, ~ : 눈이 온다면, ~

Si nieva, vamos a esquiar.   눈이 온다면, 우리 스키 타러 가자.

Si nieva, quiero trabajar en casa.   눈이 온다면, 나는 집에서 일하고 싶어.

15장

대중교통 이용하기

스페인은 대중교통이 잘 갖추어져 있어서 편하게 여행할 수 있습니다. 스페인에는 어떤 교통수단이 있고 어떻게 이용하는지 패턴으로 학습해 보세요. '핵심 어휘'도 함께 공부하면 패턴 학습이 훨씬 쉬워집니다.

어휘부터 알고 가기 패턴에 필요한 핵심 어휘를 먼저 학습해 보세요.

• 교통수단

어휘	뜻	어휘	뜻
transporte	m. 교통수단	autobús	m. 버스
transporte público	m. 대중교통	autobús expreso	m. 급행 버스
metro	m. 지하철	bicicleta	f. 자전거
motocicleta	f. 오토바이	taxi	m. 택시
avión	m. 비행기	coche	m. 자동차
tren	m. 기차	vehículo	m. 탈 것
estación	f. 역	cruce	m. 교차로
parada	f. 정류장	andén	m. 플랫폼
calle	f. 길	aparcamiento	m. 주차장
semáforo	m. 신호등	aeropuerto	m. 공항
línea	f. 호선	correspondencia	f. 환승

• 교통 관련 동사

어휘	뜻	어휘	뜻
cruzar	건너다	parar	멈추다
caminar	걷다	conducir	운전하다
girar	돌다	tomar	타다
aparcar	주차하다	bajar	내리다
llegar	도착하다	abordar	탑승하다
partir	출발하다	transbordar	환승하다

~을 타다

tomar 동사 + 교통수단

패턴·회화 연습 듣기

🎧 MP3 120

tomar 동사는 여러 가지 의미를 가진 동사입니다. 그중 '타다'의 뜻으로 동사 뒤에 교통수단과 관련된 단어와 결합하면 '~을 타다'라는 의미가 됩니다. 주로 자신이 이용하는 교통수단에 대해 말할 때 사용됩니다.

· 패턴 구조 ·	tomar 동사 + 교통수단	~을 타다
· 패턴 연습 ·	Tomo el metro.	저는 지하철을 탑니다.
	Sofía toma el taxi.	소피아는 택시를 탑니다.
	¿Tomas el autobús?	너는 버스를 타니?
	¿Por qué no tomamos el tren?	우리 기차를 타는 게 어때요?

· 회화 연습 ·

A: ¿Qué tomas para ir al trabajo?

B: Tomo el metro.

A: ¿Todos los días?

B: Sí. Es mejor que el coche.

A: 회사에 무엇을 타고 가니?

B: 나는 지하철을 타.

A: 매일?

B: 응. 자동차보다 좋아.

선생님 한마디

스페인에서는 '교통수단을 타다'와 같은 의미로 'coger(타다, 잡다)동사'를 활용해서 쓰기도 하지만, 일부 중남미에서는 성적인 의미의 동사로 들릴 수 있으므로 주의해야 합니다.

· 응용 패턴 ·

ir a tomar + 교통수단 : ~을 탈 예정이다

Voy a tomar el taxi.   저는 택시를 탈 예정입니다.

Julia va a tomar el avión.   훌리아는 비행기를 탈 예정입니다.

~으로 가다

ir 동사 + en + 교통수단

패턴·회화 연습 듣기

🎧 MP3 121

'가다'의 의미를 가진 'ir 동사' 뒤에 전치사 'en'과 '교통수단'을 결합하면 '~으로 가다'는 뜻의 이동 방법을 나타내는 표현이 됩니다.

패턴 구조	ir 동사 + en + 교통수단	~으로 가다

패턴 연습		
	Voy en coche.	저는 차로 갑니다.
	Voy en metro.	저는 지하철로 갑니다.
	¿Vas en avión?	너는 비행기로 가니?
	Ella va en taxi.	그녀는 택시로 갑니다.

회화 연습

A: ¿Vas en metro?

B: No. Voy a llevar mi coche.

A: Vas a llegar tarde por el tráfico.

B: ¿De veras? Entonces, voy en metro.

A: 너는 지하철로 가니?

B: 아니. 나는 차를 가지고 갈 거야.

A: 교통체증 때문에 늦을 텐데.

B: 정말? 그럼, 지하철로 갈게.

선생님 한마디

1. 전치사 'en' 뒤에 오는 교통수단에는 관사가 오지 않습니다.

2. 이동할 때 이용하는 교통수단을 표현할 때는 보통 전치사 'en'을 쓰지만, 걸어가는 경우와 말을 타고 가는 경우에는 전치사 'a'를 사용합니다.

📝 ir a pie 걸어가다
   ir a caballo 말을 타고 가다

응용 패턴

> **ir a pie** : 걸어가다

Voy a pie.   저는 걸어갑니다.

Elena y María van a pie.   엘레나와 마리아는 걸어갑니다.

어디에서 ~을 타나요?
¿Dónde puedo tomar ~?

패턴·회화 연습 듣기

🎧 MP3 122

'¿Dónde puedo tomar ~?'는 '~에서 ~을 타나요?'라는 의미로, '교통수단을 탈 수 있는 장소에 대해 물을 때' 사용하는 패턴입니다.

패턴 구조 ¿Dónde puedo tomar + 교통수단?   어디에서 ~을 타나요?

패턴 연습 ¿Dónde puedo tomar el tren?   어디에서 **기차**를 타나요?

¿Dónde puedo tomar el taxi?   어디에서 **택시**를 타나요?

¿Dónde puedo tomar el metro?   어디에서 **지하철**을 타나요?

¿Dónde puedo tomar el autobús?   어디에서 **버스**를 타나요?

회화 연습

A: Disculpe, tengo una pregunta.

B: Dígame.

A: ¿Dónde puedo tomar el metro?

B: Suba arriba.

A: 실례합니다만, 질문이 있습니다.

B: 말씀하세요.

A: 어디에서 지하철을 타나요?

B: 위층으로 올라가세요.

선생님 한마디

'지나가다'를 의미하는 pasar 동사와 '부근의, 근처의'를 의미하는 전치사 'por'을 활용하면, '¿Por dónde se pasa ~?'로 교통수단이 지나가는 경로를 묻는 표현을 할 수 있습니다.

새 단어

subir 오르다, 올라가다

응용 패턴

¿Por dónde pasa + 교통수단? : ~은 어디를 지나가나요?

¿Por dónde pasa esta línea?   이 호선은 어디를 지나가나요?

¿Por dónde pasa el autobús número 5?   5번 버스는 어디를 지나가나요?

~에서 ~까지 얼마나 걸리나요?

¿Cuánto se tarda de ~ a ~?

🎧 MP3 123

'¿Cuánto se tarda de ~ a ~?'는 어딘가로 '이동하는 데 걸리는 시간을 물을 때' 사용하는 패턴입니다. 전치사 'de' 뒤에 출발지를 넣고 전치사 'a' 뒤에 목적지를 넣으면 '(출발지)에서 (목적지)까지 얼마나 걸리나요?'라는 의미가 됩니다.

패턴 구조

¿Cuánto se tarda de ~ a ~?　　~에서 ~까지 얼마나 걸리나요?

패턴 연습

¿Cuánto se tarda de **aquí** a **la plaza**?	이곳에서 광장까지 얼마나 걸리나요?
¿Cuánto se tarda de **Corea** a **España**?	한국에서 스페인까지 얼마나 걸리나요?
¿Cuánto se tarda de **tu casa** a **la escuela**?	너희 집에서 학교까지 얼마나 걸리니?
¿Cuánto se tarda de **su casa** al **trabajo**?	집에서 직장까지 얼마나 걸리나요?

회화 연습

A: Quiero ir a la estación.

B: Puedes ir a pie.

A: ¿Cuánto se tarda de aquí a la estación?

B: Más o menos cinco minutos.

A: 나는 역으로 가고 싶어.

B: 걸어서 갈 수 있어.

A: 여기서 역까지 얼마나 걸려?

B: 대략 5분 정도.

선생님 한마디

'~에서 ~까지'와 같은 표현으로 'desde ~ hasta ~'도 있습니다.

예 ¿Cuánto se tarda desde aquí hasta la plaza?
이곳에서 광장까지 얼마나 걸리나요?

새단어

plaza *f.* 광장
estación *f.* 역, 계절
más o menos 대략
minuto *m.* 분

응용 패턴

¿Se tarda mucho hasta ~? : ~까지 오래 걸리나요?

¿Se tarda mucho hasta **el centro**?	시내까지 오래 걸리나요?
¿Se tarda mucho hasta **el aeropuerto**?	공항까지 오래 걸리나요?

Pattern 5

~에서 세워 주세요

Pare ~

패턴·회화 연습 듣기

🎧 MP3 124

parar 동사는 '멈추다, 세우다'의 의미로 이 동사의 3인칭 단수 긍정 명령형 'pare'를 사용하면 '세워 주세요'라는 표현이 됩니다. 뒤에 장소와 관련된 표현과 결합하여 '~에서 세워 주세요'라고 요청할 때 사용됩니다.

· 패턴 구조 · Pare + 장소   ~에서 세워 주세요

· 패턴 연습 · Pare aquí.   이곳에서 세워 주세요.

Pare en la esquina.   모퉁이에서 세워 주세요.

Pare en el Hotel Plaza.   플라자 호텔에서 세워 주세요.

Pare en cualquier semáforo.   아무 신호등에서 세워 주세요.

· 회화 연습 ·

A: Aquí llegamos.

B: Pero, ¿dónde está el cine ABC?

A: Tiene que pasar al otro lado de la calle.

B: Pues, pare en cualquier semáforo.

A: 목적지에 도착했어요.

B: 근데 ABC 영화관은 어디 있나요?

A: 길 건너로 가셔야 해요.

B: 그럼, 아무 신호등에서 세워 주세요.

선생님 한마디

편한 사이에서 '~에서 세워 줘'라고 표현할 때는 'Para ~'를 사용합니다.

새 단어

esquina f. 모퉁이
cualquier 어떤 ~라도
lado m. 면, 측면
calle f. 거리, 길

· 응용 패턴 ·

¿Podría parar ~? : ~에서 세워 주실 수 있나요?

¿Podría parar aquí?   이곳에서 세워 주실 수 있나요?

¿Podría parar en la próxima parada? 다음 정류장에서 세워 주실 수 있나요?

16장

방향 & 길 안내

낮선 곳에서 길을 찾을 때 가장 중요한 것이 '방향'과 '위치 설명'입니다. 방향과 위치에 대해 묻고 답하는 핵심 패턴을 학습해 보세요. '핵심 어휘'도 함께 공부하면 패턴 학습이 훨씬 쉬워집니다.

• 방향, 위치

어휘	뜻	어휘	뜻
dirección	*f.* 방향, 주소	delante	앞에
lado	*m.* 쪽	adelante	앞으로
este	*m.* 동	atrás	뒤로
oeste	*m.* 서	detrás	뒤에
sur	*m.* 남	medio	*m.* 가운데
norte	*m.* 북	entre	사이에
arriba	위로	encima	위에
abajo	아래로	debajo	아래에
izquierda	*f.* 왼쪽	cerca	가까이
derecha	*f.* 오른쪽	lejos	멀리
adentro	안으로	aquí	여기
afuera	바깥으로	ahí	거기
frente	*m.* 정면, 맞은편	allí	저기

• 길 안내

어휘	뜻	어휘	뜻
calle	*f.* 길, 거리	atajo	*m.* 지름길
avenida	*f.* 대로	autopista	*f.* 고속도로
callejón	*m.* 작은 골목	callejón sin salida	*m.* 막다른 길
paseo	*m.* 산책길	pasar	통과하다

Pattern 1

~로 저를 데려다주세요

Lléveme a ~

패턴·회화 연습 듣기

🎧 MP3 125

'Lléveme a ~'는 '목적지로 데려다 달라고 할 때' 사용하는 패턴으로, 길을 잘 모르거나 택시를 탔을 때 활용할 수 있습니다. 'Lléveme a ~' 뒤에 목적지를 나타내는 명사를 결합시키면 '(목적지)로 저를 데려다주세요'라는 표현이 됩니다.

패턴 구조	Lléveme a + 목적지	~로 저를 데려다주세요

패턴 연습	Lléveme a **la estación**.	역으로 저를 데려다주세요.
	Lléveme a **un hospital**.	병원으로 저를 데려다주세요.
	Lléveme a **esta dirección**.	이 주소로 저를 데려다주세요.
	Lléveme a **un sitio seguro**.	안전한 곳으로 저를 데려다주세요.

· 회화 연습 ·

A: Buenos días, ¿a dónde va usted?

B: Lléveme a la plaza mayor.

A: Vale. Abróchese el cinturón de seguridad.

B: De acuerdo.

A: 안녕하세요, 어디로 가십니까?

B: 마요르 광장으로 저를 데려다주세요.

A: 알겠습니다. 안전벨트 매세요.

B: 알겠습니다.

선생님 한마디

친구에게 부탁할 때는 'Llévame a ~'로 표현합니다.

예 Llévame a **casa**.
집으로 나를 데려다줘.

새단어

sitio *m.* 장소
seguro/a 안전한
abrocharse (자신의 무언가를)
　　　　　　잠그다
cinturón *m.* 벨트
seguridad *f.* 안전

· 응용 패턴 ·

¿Podría llevarme a ~? : ~로 저를 데려다주실래요?

¿Podría llevarme a **esta calle**?　　이 길로 저를 데려다주실래요?

¿Podría llevarme a **este hotel**?　　이 호텔로 저를 데려다주실래요?

~에 어떻게 가나요?

¿Cómo se va a ~?

패턴·회화 연습 듣기

🎧 MP3 126

'¿Cómo se va a ~?'는 '가고자 하는 장소로 가는 경로 또는 이동 방법'에 대해 물을 때 '~에 어떻게 가나요?'라는 의미의 패턴입니다. 전치사 'a' 뒤에는 주로 장소와 관련된 명사가 옵니다.

패턴 구조

¿Cómo se va a + 명사(장소)?   ~에 어떻게 가나요?

패턴 연습

¿Cómo se va al aeropuerto?   공항에 어떻게 가나요?

¿Cómo se va al parque Güell?   구엘 공원에 어떻게 가나요?

¿Cómo se va a esta dirección?   이 주소에 어떻게 가나요?

¿Cómo se va a la parada de autobús?   버스 정류장에 어떻게 가나요?

회화 연습

A: ¿Cómo se va al hotel ABC?

B: Tiene que tomar el metro.

A: ¿Cómo se va a la estación de metro?

B: Siga todo recto por aquí.

A: ABC 호텔에 어떻게 가나요?

B: 지하철을 타셔야 해요.

A: 지하철역에는 어떻게 가나요?

B: 이쪽으로 계속 직진하세요.

선생님 한마디

'se'는 무인칭으로써, 일반 사람들을 주어로 인식하고 '사람들은 ~, 보통은 ~'이라는 의미로 표현됩니다.

새단어

recto/a 곧은, 직선의

응용 패턴

¿Puedo ir a ~ por aquí? : 이쪽으로 해서 ~로 갈 수 있나요?

¿Puedo ir al centro por aquí?   이쪽으로 해서 시내로 갈 수 있나요?

¿Puedo ir al Museo del Prado por aquí?   이쪽으로 해서 프라도 박물관으로 갈 수 있나요?

Pattern 3

~은 어디에 있나요?

¿Dónde + estar 동사 ~?

패턴·회화 연습 듣기

🎧 MP3 127

'Dónde'는 장소를 묻는 의문사로, 위치를 나타내는 estar 동사와 결합해서 '사람과 사물' 또는 '장소의 위치'를 묻는 표현이 됩니다. 이때 estar 동사는 뒤에 오는 명사(목적지)에 따라 변형됩니다.

· 패턴 구조 · ¿Dónde + estar 동사 + 명사(목적지)? ~은 어디에 있나요?

· 패턴 연습 ·

¿Dónde está la salida? 출구는 어디에 있나요?

¿Dónde está la taquilla? 매표소는 어디에 있나요?

¿Dónde está su oficina? 당신 사무실은 어디에 있나요?

¿Dónde están los aseos? 화장실은 어디에 있나요?

· 회화 연습 ·

A: ¿Dónde está la entrada?

B: Por aquí. Su billete, por favor.

A: Aquí está.

B: Gracias. Adelante.

A: 입구는 어디에 있나요?

B: 이쪽입니다. 표를 보여 주세요.

A: 여기 있습니다.

B: 감사합니다. 들어가세요.

· 선 생 님 한 마 디 ·

'화장실'을 나타내는 단어는 나라 마다 다양합니다. 스페인에서는 'aseos'를 쓰고, 남미에서는 나라/ 지역에 따라 'servicios', 'baño', 'sanitarios' 등으로 표현합니다.

· 새 단 어 ·

aseos *m.* 화장실
billete *m.* 표

· 응용 패턴 ·

A + estar 동사 + 위치 표현 + B : A는 B의 ~에 있다

Mi oficina está en la calle Gran Vía. 제 사무실은 그란비아 거리에 있습니다.

El cine está enfrente de aquel edificio. 영화관은 저 건물 맞은편에 있습니다.

~면, ~이 있습니다
Si ~, hay ~

패턴·회화 연습 듣기

🎧 MP3 128

'Si ~, hay ~'는 '~면, ~이 있습니다'라는 뜻으로, 길을 안내해 줄 때 '찾는 장소나 건물이 있는 곳'을 설명하는 여러 가지 표현 중 하나입니다.

· 패턴 구조 · Si ~, hay ~   ~면, ~이 있습니다

· 패턴 연습 ·

Si va para abajo, hay una tienda.	아래로 내려가면, 상점이 있습니다.
Si sigue recto, hay un hospital.	계속 직진하면, 병원이 있습니다.
Si gira a la derecha, hay un hotel.	우회전하면, 호텔이 있습니다.
Si dobla la esquina, hay un banco.	모퉁이를 돌면, 은행이 있습니다.

· 회화 연습 ·

A: Quiero ir al mercado.

B: Si sigue recto, hay un mercado.

A: ¿Cuánto se tarda desde aquí?

B: Unos diez minutos.

A: 시장에 가고 싶습니다.

B: 계속 직진하면, 시장이 있습니다.

A: 여기서 얼마나 걸리나요?

B: 약 10분 정도 걸립니다.

선생님 한마디

'~한다면'의 의미를 갖는 'si'와 긍정의 대답인 '예'의 의미를 갖는 'Sí'를 잘 구별해야 합니다.

새 단어

abajo 아래로
girar 돌다
a la derecha 오른쪽으로
mercado *m.* 시장
unos 대략, 몇몇의

· 응용 패턴 ·

Si giras a la izquierda, hay ~ : 좌회전하면, ~이 있습니다

Si giras a la izquierda, hay un semáforo.   좌회전하면, 신호등이 있습니다.

Si giras a la izquierda, hay una gasolinera.   좌회전하면, 주유소가 있습니다.

~은 이 근처에 있어요
~ estar 동사 + cerca de aquí

패턴·회화 연습 듣기

🎧 MP3 129

'~ cerca de'는 '~에서 가까이에'라는 의미를 갖는 위치 표현으로, 말하는 이가 있는 '근처의 장소나 사물을 말할 때' 사용하는 패턴입니다. '~ cerca de aquí' 앞에 장소나 사물을 나타내는 명사와 estar 동사를 결합시키면, '~은 이 근처에 있어요'라는 의미가 됩니다.

· 패턴 구조 · 명사 + estar 동사 + cerca de aquí ~은 이 근처에 있어요

· 패턴 연습 ·

Mi casa está cerca de aquí. 우리 집은 이 근처에 있습니다.

La oficina está cerca de aquí. 사무실은 이 근처에 있습니다.

La catedral está cerca de aquí. 대성당은 이 근처에 있습니다.

Ese restaurante está cerca de aquí. 그 식당은 이 근처에 있습니다.

· 회화 연습 ·

A: ¿Dónde está el banco?

B: No sé, pero el cajero automático está cerca de aquí.

A: ¡Qué bien! Gracias.

B: De nada.

A: 은행이 어디에 있나요?

B: 잘 모르겠어요, 하지만 ATM기는 이 근처에 있어요.

A: 잘 됐네요! 감사합니다.

B: 별말씀을요.

· 선생님 한마디 ·

'이 근처'가 아닌 특정한 건물이나 장소를 표현할 때는 'aquí' 대신 '특정 건물' 또는 '장소'를 나타내는 명사를 넣어줍니다.

📝 Mi casa está cerca de la estación.
우리 집은 역 근처에 있습니다.

· 새단어 ·

catedral *f.* 대성당
cajero automático
m. ATM 기기

· 응용 패턴 ·

 명사 + estar 동사 + muy cerca de aquí : ~은 이 근처에서 매우 가까이에 있어요

La empresa está muy cerca de aquí. 회사는 이 근처에서 매우 가까이에 있습니다.

El supermercado está muy cerca de aquí. 슈퍼마켓은 이 근처에서 매우 가까이에 있습니다.

Pattern 6

~은 여기서 멀리에 있어요

~ estar 동사 + lejos de aquí

패턴·회화 연습 듣기

🎧 MP3 130

'~ lejos de'는 '~에서 멀리에'라는 의미를 갖는 위치 표현으로, 말하는 이가 있는 곳에서 '멀리에 위치한 장소나 사물을 말할 때' 사용하는 패턴입니다. '~ lejos de aquí' 앞에 장소나 사물을 나타내는 명사와 estar 동사를 결합시키면, '~은 여기서 멀리에 있어요'라는 의미가 됩니다.

| 패턴 구조 | 명사 + estar 동사 + lejos de aquí | ~은 여기서 멀리에 있어요 |

패턴 연습

Mi casa está lejos de aquí.　　　　　우리 집은 여기서 멀리에 있습니다.

La parada está lejos de aquí.　　　　정류장은 여기서 멀리에 있습니다.

La consigna está lejos de aquí.　　　물품보관소는 여기서 멀리에 있습니다.

El aparcamiento está lejos de aquí.　주차장은 여기서 멀리에 있습니다.

회화 연습

A: No puede entrar con este equipaje.

B: ¿La consigna está lejos de aquí?

A: No. Si va abajo, hay una consigna.

B: Gracias.

A: 이 짐을 가지고는 들어가실 수 없습니다.

B: 물품보관소는 여기서 멀리에 있나요?

A: 아니요. 아래로 내려가시면, 물품보관소가 있습니다.

B: 감사합니다.

선생님 한마디

*나라별 '주차장' 단어
스페인 : aparcamiento
중남미 : estacionamiento

새 단어

lejos de ~ ~ 멀리에
consigna *f.* 물품보관소
equipaje *m.* 짐, 수화물

응용 패턴

명사 + estar 동사 + un poco lejos de aquí : ~은 여기서 조금 멀리에 있어요

Mi oficina está un poco lejos de aquí.　　　　　제 사무실은 여기서 조금 멀리에 있습니다.

El paso de peatones está un poco lejos de aquí.　횡단보도는 여기서 조금 멀리에 있습니다.

Pattern 7

여기가 ~인가요?

¿Es aquí ~?

패턴·회화 연습 듣기

🎧 MP3 131

'aquí'는 '이곳, 여기'를 뜻하는 단어로, 장소나 건물을 확인하기 위해 '여기가 ~인가요?'라고 질문을 할 때, '¿Es aquí ~?'의 패턴 표현을 사용합니다.

· 패턴 구조 ·	¿Es aquí ~?	여기가 ~인가요?

· 패턴 연습 ·	¿Es aquí la calle Mayor?	여기가 마요르가인가요?
	¿Es aquí la Plaza Catalunya?	여기가 카탈루냐 광장인가요?
	¿Es aquí el Museo del Prado?	여기가 프라도 미술관인가요?
	¿Es aquí la estación de metro?	여기가 지하철역인가요?

· 회화 연습 ·

A: ¿Podría ayudarme?

B: Sí, claro.

A: ¿Es aquí el mercado de San Miguel?

B: Sí, exacto.

A: 저를 좀 도와주실래요?

B: 네, 물론이죠.

A: 여기가 산미겔 시장인가요?

B: 네, 맞습니다.

선생님 한마디

위치를 표현할 때, 여기는 aquí, 거기는 ahí, 저기는 allí를 사용합니다.

새 단어

estación de metro *f.* 지하철역

· 응용 패턴 ·

¿Es allí ~? : 저기가 ~인가요?

¿Es allí el centro?   저기가 시내인가요?

¿Es allí la catedral?   저기가 성당인가요?

17장

식당 & 레스토랑

스페인은 '미식의 나라'라는 수식어가 붙을 만큼 맛있고 다양한 음식이 많은 나라입니다. 스페인의 레스토랑에서 유용하게 사용할 수 있는 핵심 패턴을 학습해 보세요. '핵심 어휘'도 함께 공부하면 패턴 학습이 훨씬 쉬워집니다.

• 음식, 음료

어휘	뜻	어휘	뜻
carne	*f.* 고기, 육류	desayuno	*m.* 아침 식사
pescado	*m.* 생선	almuerzo	*m.* 점심 식사
verdura	*f.* 야채	cena	*f.* 저녁 식사
sopa	*f.* 수프	desayunar	아침을 먹다
ensalada	*f.* 샐러드	almorzar	점심을 먹다
salsa	*f.* 소스	cenar	저녁을 먹다
menú	*m.* 메뉴 (중남미)	arroz	*m.* 쌀
carta	*f.* 메뉴 (스페인)	agua	*f.* 물
bebida	*f.* 음료	vino	*m.* 와인
comida	*f.* 음식, 점심 식사	cerveza	*f.* 맥주
plato	*m.* 접시, 음식	fruta	*f.* 과일
postre	*m.* 후식	marisco	*m.* 해산물
pan	*m.* 빵	sal	*f.* 소금
leche	*f.* 우유	azúcar	*m.* 설탕
té	*m.* 차	café	*m.* 커피
zumo	*m.* 주스 (스페인)	pollo	*m.* 닭고기
jugo	*m.* 주스 (중남미)	pastel	*m.* 케이크
huevo	*m.* 계란	helado	*m.* 아이스크림
tostada	*f.* 토스트	vinagre	*m.* 식초
merienda	*f.* 간식	pimienta	*f.* 후추
cereales	*m.* 시리얼	flan	*m.* 푸딩

• 레스토랑, 식기 도구

어휘	뜻	어휘	뜻
restaurante	*m.* 레스토랑	copa	*f.* 와인 잔
vaso	*m.* 물컵	cuchillo	*m.* 나이프
servilleta	*f.* 냅킨	tenedor	*m.* 포크
cuchara	*f.* 숟가락	taza	*f.* 찻잔
cuenta	*f.* 계산서	mantel	*m.* 식탁보

~ 주세요
# ~, por favor

패턴·회화 연습 듣기

🎧 MP3 132

'Por favor'는 '부탁합니다'란 의미로, 스페인어 회화에서 가장 많이 쓰이는 표현입니다. 음식 또는 물건을 주문하거나 구입할 때, 무언가를 부탁할 때에도 유용하게 활용할 수 있는 패턴입니다. 원하는 음식이나 물건을 'por favor' 앞에 넣어 '~ 주세요'라는 의미로 표현됩니다.

·패턴 구조· **명사**, por favor	~ 주세요

·패턴 연습·	
La carta, por favor.	메뉴판 주세요.
La cuenta, por favor.	계산서 주세요.
Un café con leche, por favor.	카페라테 한 잔 주세요.
Una paella valenciana, por favor.	발렌시아식 빠에야 하나 주세요.

·회화 연습·

A: Buenos días, ¿qué quieren tomar?

B: Un té helado, por favor.

C: Yo también. Y un bocadillo, por favor.

A: Enseguida.

A: 안녕하세요. 무엇을 원하십니까?

B: 아이스티 한 잔 주세요.

C: 저도요. 그리고 샌드위치 하나 주세요.

A: 곧 가져다드리겠습니다.

선생님 한마디

'이거 주세요'라는 표현에는 지시 사가 필요합니다. 스페인어에서는 가리키는 명사의 성에 따라 '남성' 은 'este', '여성'은 'esta'를 써서 표현합니다.

예 Este, por favor.
이거(남성명사) 주세요.

Esta, por favor.
이거(여성명사) 주세요.

새 단어

paella *f.* 스페인식 볶음밥
té helado *m.* 아이스티

·응용 패턴·

동사(명령형) + por favor : ~해 주세요

Ayúdeme, por favor.   저를 도와주세요.

Abra la puerta, por favor.   문을 열어 주세요.

Pattern 2

~ 빼 주세요

Sin ~, por favor

패턴·회화 연습 듣기

🎧 MP3 133

음식을 주문할 때 기호에 맞지 않는 재료를 제외해 달라고 요청할 때는 '~ 없이'를 의미하는 'sin' 뒤에 원치 않는 재료를 넣어 '~ 빼 주세요'라고 표현할 수 있습니다.

패턴 구조 Sin + 명사, por favor   ~ 빼 주세요

패턴 연습

Sin **sal**, por favor.	소금 빼 주세요.
Sin **hielo**, por favor.	얼음 빼 주세요.
Sin **cilantro**, por favor.	고수 빼 주세요.
Sin **aguacate**, por favor.	아보카도 빼 주세요.

회화 연습

A: ¿Va a pedir?

B: Sí, un café con leche, por favor.

A: ¿Con hielo?

B: No. Sin hielo, por favor.

A: 주문하시겠어요?

B: 네, 카페라테 한 잔 주세요.

A: 얼음이랑 같이 드릴까요?

B: 아니요. 얼음 빼 주세요.

선생님 한 마디

기호에 맞는 재료를 추가해 달라고 요청할 때는 'sin' 대신에 '~와 함께'를 의미하는 'con'을 사용하면 됩니다.

🗣 Con **hielo**, por favor.
   얼음, 함께 주세요.

새 단어

cilantro *m.* 고수
aguacate *m.* 아보카도

응용 패턴

Más + 명사, por favor : ~ 더 주세요

Más **agua**, por favor.	물 더 주세요.
Más **azúcar**, por favor.	설탕 더 주세요.

~을 가져다주실 수 있나요?

¿Podría traerme ~?

패턴·회화 연습 듣기

🎧 MP3 134

'¿Podría traerme ~?'는 식당에서 웨이터에게 무언가 가져다주기를 부탁하는 표현으로, '¿Podría traerme ~?' 뒤에 원하는 물건의 명사를 결합시키면 '(명사)를 가져다주실 수 있나요?'라는 의미가 됩니다.

· 패턴 구조 ·	¿Podría traerme + 명사?	~을 가져다주실 수 있나요?

· 패턴 연습 ·	¿Podría traerme **servilletas**?	냅킨을 가져다주실 수 있나요?
	¿Podría traerme **un tenedor**?	포크를 가져다주실 수 있나요?
	¿Podría traerme **una cuchara**?	숟가락을 가져다주실 수 있나요?
	¿Podría traerme **un vaso de agua**?	물 한 컵을 가져다주실 수 있나요?

· 회화 연습 ·

A: ¿Necesita algo?

B: Sí. ¿Podría traerme el azúcar?

A: Por supuesto. Ahora mismo.

B: Gracias.

A: 무엇이 필요하신가요?

B: 네. 설탕을 가져다주실 수 있나요?

A: 물론입니다. 바로 가져다드릴게요.

B: 감사합니다.

선생님 한마디

1. 'podría'는 영어의 'could'와 같은 의미로 상대방에게 정중하게 부탁할 때 사용하는 표현입니다.

2. traer 동사는 '가져오다'의 의미로, '나에게 가져오다'를 표현할 때는 간접목적대명사 'me'가 필요합니다. podría 뒤에는 동사원형이 오므로 traerme로 한 단어처럼 옵니다.

· 응용 패턴 ·

¿Podría traerme más ~? : ~을 더 가져다주실 수 있나요?

¿Podría traerme más **pan**? 빵을 더 가져다주실 수 있나요?

¿Podría traerme más **agua**? 물을 더 가져다주실 수 있나요?

저는 ~을 주문하고 싶습니다
Quiero pedir ~

패턴·회화 연습 듣기

🎧 MP3 135

'Quiero pedir ~'는 음식이나 물건을 주문할 때 '저는 ~을 주문하고 싶습니다'라는 의미의 패턴입니다. pedir 동사는 '주문하다'의 의미로 자주 활용되는 동사 표현입니다.

패턴 구조 | Quiero pedir + 명사 | 저는 ~을 주문하고 싶습니다

패턴 연습

Quiero pedir **un café**.	저는 **커피**를 주문하고 싶습니다.
Quiero pedir **un flan**.	저는 **푸딩**을 주문하고 싶습니다.
Quiero pedir **una sopa**.	저는 **수프**를 주문하고 싶습니다.
Quiero pedir **una ensalada**.	저는 **샐러드**를 주문하고 싶습니다.

회화 연습

A: ¿Va a pedir?

B: Sí. Quiero pedir patatas fritas.

A: ¿Algo más?

B: No, nada más.

A: 주문하시겠어요?

B: 네. 저는 감자튀김을 주문하고 싶습니다.

A: 다른 것은요?

B: 아니요, 없습니다.

선생님 한마디

'pedir 동사'를 생략하고 'Quiero ~' 뒤에 바로 주문하고자 하는 음식 또는 음료를 붙여서 표현할 수도 있습니다.

예 Quiero un café.
저는 커피로 원합니다.

새 단어

flan *m.* 푸딩
patatas fritas *f.* 감자튀김

응용 패턴

Quiero + 명사 : 저는 ~로 원해요

Quiero una paella. 저는 빠에야로 원합니다.
Quiero una tostada. 저는 토스트로 원합니다.

Pattern 5

~하나요?

¿Es + 형용사?

패턴·회화 연습 듣기

🎧 MP3 136

「¿Es + 형용사?」는 음식의 맛이나 양에 대해 물을 때, '(맛이) ~하나요?'라는 의미를 가지는 패턴입니다. 형용사 자리에는 주로 맛이나 음식의 양에 관련된 단어가 옵니다.

패턴 구조	¿Es + 형용사?	~하나요?
패턴 연습	¿Es ácido?	신맛인가요?
	¿Es salado?	짜나요?
	¿Es picante?	매운가요?
	¿Es suficiente para dos?	2인분으로 충분하나요?

회화 연습

A: Quiero pedir este zumo.

B: Vale.

A: ¿Es ácido?

B: No, es dulce.

A: 저는 이 주스로 주문하고 싶습니다.

B: 알겠습니다.

A: 신맛인가요?

B: 아니요, 달아요.

선생님 한마디

형용사는 명사의 '성'과 '수'에 일치시키는 것이 원칙이지만, 이 패턴에서는 가리키는 음식이 불규칙적이므로 남성 단수에 맞추는 것이 보편적입니다.

새 단어

ácido/a 신
salado/a 짠
picante 매운
suficiente 충분한
zumo m. 주스

응용 패턴

¿No es ~? : ~하지 않나요?

¿No es picante?   맵지 않나요?

¿No es amargo?   쓰지 않나요?

Pattern 6

~이 있나요?

¿Tienen ~?

패턴·회화 연습 듣기

🎧 MP3 137

'¿Tienen ~?'은 상점이나 레스토랑에서 '내가 원하는 물건 또는 음식이 있는지, 원하는 서비스를 제공하는지'를 물을 때 사용하는 패턴으로, '~이 있나요?'라는 의미의 표현입니다.

패턴 구조	¿Tienen ~?	~이 있나요?

패턴 연습		
	¿Tienen **agua con gas**?	탄산수가 있나요?
	¿Tienen **la carta en inglés**?	영어로 된 메뉴판이 있나요?
	¿Tienen **servicio a domicilio**?	배달 서비스가 있나요?
	¿Tienen **comida típica de Segovia**?	세고비아의 특색 있는 음식이 있나요?

회화 연습

A: ¿Tienen la carta en coreano?

B: Aquí tiene.

A: ¿Tienen alguna bebida típica de España?

B: ¿Qué le parece sangría?

A: 한국어로 된 메뉴판이 있나요?

B: 여기 있습니다.

A: 스페인의 특색 있는 음료가 있나요?

B: 상그리아는 어떠세요?

선생님 한마디

이 패턴에서 'tienen'는 무인칭을 주어로, tener 동사를 항상 3인칭 복수형인 'tienen'으로 사용합니다.

새 단어

agua con gas *f.* 탄산수
carta *f.* 메뉴판
en inglés 영어로 된
servicio a domicilio
배달 서비스
típico/a 특색 있는
en coreano 한국어로 된

응용 패턴

¿Cuál es ~? : ~은 무엇인가요?

¿Cuál es la sopa del día?　　오늘의 수프는 무엇인가요?

¿Cuál es el menú del día?　　오늘의 메뉴는 무엇인가요?

Pattern 7

~에 앉고 싶습니다

Quisiera sentarme ~

패턴·회화 연습 듣기

🎧 MP3 138

'sentarme'는 '(내가) 앉다'의 뜻을 가진 동사로써, 식당에서 원하는 자리를 요청할 때 '~에 앉고 싶습니다'라는 의미로 'Quisiera sentarme ~'의 패턴 표현을 사용합니다.

• 패턴 구조 •

Quisiera sentarme ~   ~에 앉고 싶습니다

• 패턴 연습 •

Quisiera sentarme **aquí**.	여기에 앉고 싶습니다.
Quisiera sentarme **al frente**.	앞쪽에 앉고 싶습니다.
Quisiera sentarme **en la terraza**.	테라스에 앉고 싶습니다.
Quisiera sentarme **en una mesa tranquila**.	조용한 테이블에 앉고 싶습니다.

• 회화 연습 •

A: Quisiera sentarme en la terraza.

B: Pues, tiene que esperar.

A: Vale. Voy a esperar.

B: Su nombre, por favor.

A: 테라스에 앉고 싶습니다.

B: 그럼, 기다리셔야 합니다.

A: 알겠습니다. 기다릴게요.

B: 성함을 말씀해 주세요.

선생님 한마디

quisiera는 querer(원하다) 동사의 접속법 변화형으로, 상대방에게 나의 요구사항을 정중하게 전달하는 표현에 사용됩니다.

새단어

al frente 앞에
terraza *f.* 테라스

• 응용 패턴 •

¿Podría sentarme ~? : ~에 앉아도 될까요?

¿Podría sentarme **aquí**?   여기에 앉아도 될까요?

¿Podría sentarme **en la terraza**?   테라스에 앉아도 될까요?

18장

쇼핑하기

쇼핑을 할 때 물건을 요청하고 가격을 묻는 기본적인 회화의
핵심 패턴을 학습해 보세요. '핵심 어휘'도 함께 공부하면 패턴
학습이 훨씬 쉬워집니다.

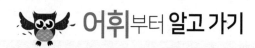
어휘부터 알고 가기

• 의류, 아이템

어휘	뜻	어휘	뜻
ropa	f. 옷	zapatos	m. 신발
camisa	f. 셔츠	zapatillas/tenis	f. m. 운동화
camiseta	f. 티셔츠	calcetines	m. 양말
blusa	f. 블라우스	sombrero	m. 모자
abrigo	m. 외투, 코트	corbata	f. 넥타이
pantalones	m. 바지	bufanda	f. 목도리
vaqueros	m. 청바지	mochila	f. 배낭
vestido	m. 원피스	bolso	m. 가방
falda	f. 치마	gafas	f. 안경
chaqueta	f. 재킷	gafas de sol	f. 선글라스
ropa interior	f. 속옷	anillo	m. 반지
medias	f. 스타킹	reloj	m. 시계
traje	m. 정장	cartera	f. 지갑
pijama	m. 잠옷	botas	f. 부츠
collar	m. 목걸이	cinturón	m. 벨트
pendientes	m. 귀걸이	gorra	f. 모자
pulsera	f. 팔찌	pañuelo	m. 손수건, 스카프
talla	f. 사이즈	moda	f. 유행
ir de compras	쇼핑 가다	número	m. 신발 사이즈

• 화장품

어휘	뜻	어휘	뜻
perfume	m. 향수	crema	f. 크림
maquillaje	m. 화장품	tónico	m. 토너
pintalabios	m. 립스틱	loción	f. 로션

• 다양한 상점

어휘	뜻	어휘	뜻
grandes almacenes	m. 백화점	panadería	f. 베이커리
tienda de ropa	f. 옷 가게	cafetería	f. 카페
supermercado	m. 슈퍼마켓	librería	f. 서점
mercado	m. 시장	centro comercial	m. 쇼핑센터

~을 찾고 있습니다

Estoy buscando ~

패턴·회화 연습 듣기

🎧 MP3 139

'Estoy buscando ~'는 무엇인가를 찾고 있을 때 사용하는 패턴으로, 'Estoy buscando ~' 뒤에 찾는 물건인 명사를 결합시켜 '(명사)를 찾고 있습니다'라는 의미로 표현됩니다. 'buscando'는 buscar(찾다) 동사의 현재진행형입니다.

· 패턴 구조 ·   Estoy buscando + 명사   ~을 찾고 있습니다

· 패턴 연습 ·   Estoy buscando **collares.**   목걸이를 찾고 있습니다.

                 Estoy buscando **unas gafas.**   안경을 찾고 있습니다.

                 Estoy buscando **una camisa.**   셔츠를 찾고 있습니다.

                 Estoy buscando **unos zapatos.**   신발을 찾고 있습니다.

· 회화 연습 ·

A: ¿En qué puedo ayudarle?

B: Estoy buscando gafas de sol.

A: Venga acá.

B: Vale.

A: 무엇을 도와드릴까요?

B: 선글라스를 찾고 있습니다.

A: 이쪽으로 오세요.

B: 알겠습니다.

선 생 님 한 마 디

스페인어의 현재진행형은 「estar 동사＋현재분사」이고, buscar 동사와 같이 '-ar'로 끝나는 동사는 '-ando'로 바꾸어 현재분사 형태로 만듭니다.

📖 buscar(찾다) → buscando

새 단 어

acá 이쪽으로, 이쪽에

· 응용 패턴 ·

Quiero comprar + 명사 : 저는 ~을 사고 싶습니다

Quiero comprar **una corbata.**   저는 넥타이를 사고 싶습니다.

Quiero comprar **una mochila.**   저는 배낭을 사고 싶습니다.

Pattern 2

~을 입어볼 수 있나요?

¿Puedo probarme ~?

🎧 MP3 140

'¿Puedo probarme ~?'는 물건을 구매하기 전 착용해 보고 싶을 때, '~을 입어볼 수 있나요?'라는 의미의 패턴입니다. 'puedo probarme ~' 뒤에 착용하고 싶은 명사를 결합시켜 활용합니다.

· 패턴 구조 · ¿Puedo probarme + 명사? ~을 입어볼 수 있나요?

· 패턴 연습 ·

¿Puedo probarme esto? 이것을 입어볼 수 있나요?

¿Puedo probarme esta blusa? 이 블라우스를 입어볼 수 있나요?

¿Puedo probarme este abrigo? 이 외투를 입어볼 수 있나요?

¿Puedo probarme este vestido? 이 원피스를 입어볼 수 있나요?

· 회화 연습 ·

A: ¿Puedo probarme esto?

B: Por supuesto. El probador está allá.

A: Gracias.

B: A usted.

A: 이것을 입어볼 수 있나요?

B: 물론이죠. 탈의실은 저쪽입니다.

A: 감사합니다.

B: 천만에요.

선 생 님 한 마 디

의류가 아닌 시계 또는 액세서리를 착용해 보고 싶을 때도 '~을/를 해 볼 수 있나요?'의 의미로 이 패턴을 활용할 수 있습니다.

새 단 어

vestido *m.* 원피스
probador *m.* 탈의실
allá 저쪽에, 저쪽으로

· 응용 패턴 ·

Quiero probarme + 명사 : 저는 ~을 입어보고 싶습니다

Quiero probarme esta falda. 저는 이 치마를 입어보고 싶습니다.

Quiero probarme esta chaqueta. 저는 이 재킷을 입어보고 싶습니다.

다른 ~이 있나요?
¿Tiene otro/a ~?

패턴·회화 연습 듣기

🎧 MP3 141

'¿Tiene otro/a ~?'는 지금 있는 것 외에 다른 것이 있는지 알고 싶을 때, 'tiene otro/a ~' 뒤에 찾는 명사를 결합시켜 '다른 ~(명사)가 있나요?'라는 의미의 패턴 표현입니다. 이때 'otro'는 '다른'의 의미로 뒤에 오는 명사의 '성'에 맞추어야 합니다.

패턴 구조

¿Tiene otro/a + 명사?　　　다른 ~이 있나요?

패턴 연습

¿Tiene otro color?	다른 색이 있나요?
¿Tiene otro estilo?	다른 스타일이 있나요?
¿Tiene otra talla?	다른 사이즈가 있나요?
¿Tiene otra marca?	다른 브랜드가 있나요?

회화 연습

A: ¿Qué le parece esta bufanda?

B: No está mal. ¿Tiene otro color?

A: Tenemos el negro y el rojo.

B: Quiero el negro.

A: 이 목도리는 어떠세요?

B: 나쁘지 않네요. 다른 색이 있나요?

A: 검은색과 빨간색이 있어요.

B: 검은색을 원합니다.

새 단어

color *m.* 색, 색상
estilo *m.* 스타일
marca *f.* 브랜드
negro *m.* 검은색
rojo *m.* 빨간색

응용 패턴

¿No tiene otro/a + 명사? : 다른 ~은 없나요?

¿No tiene otra talla?　　다른 사이즈는 없나요?

¿No tiene otro diseño?　　다른 디자인은 없나요?

Pattern 4

~은 얼마인가요?

¿Cuánto cuesta/n ~?

패턴·회화 연습 듣기

🎧 MP3 142

단순히 가격을 묻는 표현은 '¿Cuánto cuesta?(얼마예요?)'입니다. 구입하고자 하는 물건의 가격을 구체적으로 물을 때는 이 표현 뒤에 물건 이름인 명사를 결합시켜 표현합니다.

· 패턴 구조 ·　　¿Cuánto cuesta/n + 명사?　　~은 얼마인가요?

· 패턴 연습 ·

¿Cuánto cuesta este bolso?	이 가방은 얼마인가요?
¿Cuánto cuesta este sombrero?	이 모자는 얼마인가요?
¿Cuánto cuestan estas botas?	이 부츠는 얼마인가요?
¿Cuánto cuestan estos pantalones?	이 바지는 얼마인가요?

· 회화 연습 ·

A: ¿Cuánto cuesta esta camiseta?

B: Cuesta veinte euros.

A: ¡Qué barato!

B: Ahora están de oferta.

A: 이 티셔츠는 얼마인가요?

B: 20유로입니다.

A: 저렴하네요!

B: 지금 세일 중이거든요.

· 선생님 한마디 ·

1. '¿Cuánto cuesta ~?'는 구입하고자 하는 물건이 1개인 경우에 사용되며, '¿Cuánto cuestan ~?'은 물건이 여러 개인 경우에 사용됩니다.

2. valer 동사도 '값이 나가다'의 의미로 가격을 물어볼 때 사용합니다.

· 새 단어 ·

veinte 20(숫자)
euro *m.* 유로
oferta *f.* 혜택, 특가

· 응용 패턴 ·

¿Cuánto vale/n + 명사? : ~은 얼마인가요?

¿Cuánto vale esta falda?	이 치마는 얼마인가요?
¿Cuánto valen estos zapatos?	이 신발은 얼마인가요?

Pattern 5

~로 할게요

Me llevo ~

패턴·회화 연습 듣기

🎧 MP3 143

'Me llevo ~'는 구입할 물건을 결정했을 때, '~로 할게요'라는 의미의 패턴 표현입니다. 'Me llevo ~' 뒤에 구입하고자 하는 명사를 결합시켜 활용합니다.

· 패턴 구조 ·	Me llevo + 명사	~로 할게요

· 패턴 연습 ·	Me llevo **esta blusa.**	이 블라우스로 할게요.
	Me llevo **este vestido.**	이 원피스로 할게요.
	Me llevo **esta pulsera.**	이 팔찌로 할게요.
	Me llevo **estas gafas de sol.**	이 선글라스로 할게요.

· 회화 연습 ·

A: ¿Qué tal?

B: Me gusta mucho. Me llevo esta falda.

A: Muy bien. La caja está acá.

B: Vale.

A: 어떠세요?

B: 아주 마음에 들어요. 이 치마로 할게요.

A: 좋습니다. 계산대는 이쪽입니다.

B: 알겠습니다.

선 생 님 한 마 디

구입하고자 하는 물건의 성에 따라 직접목적대명사 형태로 남성명사는 'lo', 여성명사는 'la'로 대신할 수 있습니다.

◉ Me llevo esta blusa.
 = Me la llevo.
 이 블라우스로 할게요.
 = 이걸로 할게요.
 (blusa 블라우스 : 여성명사)

새 단 어

caja f. 계산대

· 응용 패턴 ·

¿Podría darme + 명사? : 저에게 ~로 주시겠어요?

¿Podría darme **esto?**   저에게 이걸로 주시겠어요?

¿Podría darme **este anillo?**   저에게 이 반지로 주시겠어요?

Pattern 6

~로 지불할 수 있나요?

¿Puedo pagar ~?

패턴·회화 연습 듣기

🎧 MP3 144

'¿Puedo pagar ~?'는 물건을 구입할 때 다양한 지불 방법 중 내가 원하는 방법으로 가능한 지 물어볼 때 '~로 지불할 수 있나요?'라는 의미의 패턴 표현입니다. '¿Puedo pagar ~?' 뒤에 지불 방법을 넣어 활용합니다.

· 패턴 구조 ·

¿Puedo pagar + 지불 방법?　　　~로 지불할 수 있나요?

· 패턴 연습 ·

¿Puedo pagar **en cuotas**?	할부로 지불할 수 있나요?
¿Puedo pagar **con tarjeta**?	카드로 지불할 수 있나요?
¿Puedo pagar **en efectivo**?	현금으로 지불할 수 있나요?
¿Puedo pagar **con cheque de viaje**?	여행자 수표로 지불할 수 있나요?

· 회화 연습 ·

A: ¿Cuánto es todo?

B: Son cincuenta euros.

A: ¿Puedo pagar con tarjeta?

B: Claro. Firme aquí, por favor.

A: 다해서 얼마예요?

B: 50유로입니다.

A: 카드로 지불할 수 있나요?

B: 물론이죠. 여기에 서명해 주세요.

선생님 한마디

신용카드는 원래 'tarjeta de crédito'라고 하지만, 상점에서 계산할 때는 일반적으로 'tarjeta'만으로도 의미가 전달됩니다.

새 단어

en cuotas 할부로
con tarjeta 카드로
en efectivo 현금으로

· 응용 패턴 ·

¿Se acepta ~? : ~을 받나요?

¿Se acepta **tarjeta**?	카드를 받나요?
¿Se acepta **efectivo**?	현금을 받나요?

19장

호텔 이용하기

여행을 떠나기 전에 숙소를 예약하는 것이 일반적이지만, 급하게 현지에서 숙소를 구하거나 호텔을 이용할 때 필요한 다양한 회화 표현이 있습니다. 그중에서 자주 쓰이는 핵심 패턴을 학습해 보세요. '핵심 어휘'도 함께 공부하면 패턴 학습이 훨씬 쉬워집니다.

어휘부터 알고 가기 패턴에 필요한 핵심 어휘를 먼저 학습해 보세요.

• 숙박 형태

어휘	뜻	어휘	뜻
alojamiento	*m.* 숙박	pensión	*f.* 펜션
hotel	*m.* 호텔	albergue	*m.* 모텔
albergue juvenil	*m.* 유스호스텔	hostal	*m.* 작은 호텔

• 호텔 시설 및 서비스

어휘	뜻	어휘	뜻
vestíbulo	*m.* 로비, 현관	tarifa	*f.* 요금
desayuno	*m.* 조식	reservar	예약하다
habitación	*f.* 방	ascensor	*m.* 엘리베이터
habitación individual	*f.* 싱글룸	piscina	*f.* 수영장
habitación doble	*f.* 더블룸	aire acondicionado	*m.* 에어컨
habitación libre	빈 방	calefacción	*f.* 난방
cama	*f.* 침대	agua caliente	온수
cama doble	*f.* 더블 침대	agua fría	냉수
wifi	와이파이	televisión	*f.* 텔레비전
check-in	체크인	check-out	체크아웃

Pattern 1

~ 방이 있나요?

¿Tienen habitación ~?

패턴·회화 연습 듣기

🎧 MP3 145

빈 방이 있는지 묻는 표현부터 원하는 방 종류가 있는지 묻는 표현은 모두 '~ 방이 있나요?'의 의미인 '¿Tienen habitación ~?' 패턴을 활용합니다.

패턴 구조 ¿Tienen habitación ~?   ~ 방이 있나요?

패턴 연습 ¿Tienen habitación **libre**?   빈 방이 있나요?

¿Tienen habitación **con buena vista**?   전망이 좋은 방이 있나요?

¿Tienen habitación **con vista al mar**?   바다 전망인 방이 있나요?

¿Tienen habitación **para no fumadores**?   비흡연 방이 있나요?

회화 연습

A: Quiero reservar una habitación.

B: ¿Qué tipo de habitación quiere?

A: ¿Tienen habitación con vista a la playa?

B: Voy a comprobarlo.

A: 방을 예약하고 싶습니다.

B: 어떤 종류의 방을 원하세요?

A: 해변 전망인 방이 있나요?

B: 확인해 보겠습니다.

선생님 한마디

어떤 종류가 있는지 물을 때는 '어떤 종류의 ~을 ~하나요?'를 의미하는 '¿Qué tipo de ~?' 표현을 사용합니다.

새단어

vista *f.* 전망
mar *m.* 바다
tipo *m.* 타입
comprobar 확인하다

응용 패턴

> He reservado una habitación ~ : ~ 방으로 예약했습니다

He reservado una habitación **tranquila**.   조용한 방으로 예약했습니다.

He reservado una habitación **con buena vista**.   전망 좋은 방으로 예약했습니다.

Pattern **2**

~을 예약하고 싶습니다
Quiero reservar ~

패턴·회화 연습 듣기

🎧 MP3 146

방이나 호텔 서비스를 미리 예약하고 싶을 때 '~을 예약하고 싶습니다'의 의미인 'Quiero reservar ~' 패턴으로 표현합니다.

패턴 구조 | Quiero reservar + 명사   ~을 예약하고 싶습니다

패턴 연습

Quiero reservar recorrido.	투어를 예약하고 싶습니다.
Quiero reservar desayuno.	조식 서비스를 예약하고 싶습니다.
Quiero reservar una habitación.	방 하나를 예약하고 싶습니다.
Quiero reservar el servicio de enlace.	셔틀 서비스를 예약하고 싶습니다.

회화 연습

A: ¿En qué puedo ayudarle?

B: Quiero reservar el servicio de enlace.

A: ¿Hasta el aeropuerto?

B: Sí. Para mañana, por favor.

A: 무엇을 도와드릴까요?

B: 셔틀 서비스를 예약하고 싶습니다.

A: 공항까지요?

B: 네. 내일로 부탁 드립니다.

선생님 한마디

'¿Podría reservar ~?'는 '~을 예약할 수 있나요?'라고 정중하게 질문할 때 사용하는 패턴입니다.

새단어

recorrido *m.* 투어
servicio de enlace
m. 셔틀 서비스

응용 패턴

> Quiero una habitación para ~ : ~을 위한 방 하나를 원합니다

Quiero una habitación para una noche.   하룻밤을 위한 방 하나를 원합니다.

Quiero una habitación para dos noches.   2박을 위한 방 하나를 원합니다.

~을 바꾸고 싶습니다
Quiero cambiar de ~

패턴·회화 연습 듣기

🎧 MP3 147

'Quiero cambiar de ~'는 호텔 이용 시 교체를 원할 때, '~을 바꾸고 싶습니다'라는 의미의 패턴 표현입니다.

패턴 구조 Quiero cambiar de ~   ~을 바꾸고 싶습니다

패턴 연습 Quiero cambiar de **toallas**.   수건을 바꾸고 싶습니다.

Quiero cambiar de **mantas**.   담요를 바꾸고 싶습니다.

Quiero cambiar de **sábanas**.   시트를 바꾸고 싶습니다.

Quiero cambiar de **habitación**.   방을 바꾸고 싶습니다.

회화 연습

A: Recepción, dígame.

B: Quiero cambiar de mantas.

A: ¿Que número de habitación tiene?

B: La quinientos cinco.

A: 리셉션입니다. 말씀하세요.

B: 담요를 바꾸고 싶습니다.

A: 방 번호는 무엇입니까?

B: 505호입니다.

선생님 한마디

cambiar(바꾸다, 교환하다) 동사를 활용해서 같은 종류로 교환할 때는 전치사 'de'를 쓰지만, 다른 종류로 교환할 때는 전치사 'por'을 씁니다.

(예) Quiero cambiar la ropa por dinero.
옷을 돈으로 바꾸고 싶습니다.

새단어

toalla *f.* 수건
manta *f.* 담요
sábana *f.* 시트
recepción *f.* 리셉션(접수처)

응용 패턴

Hay ~ en ~ : ~에 ~이 있어요

Hay una mancha en la sábana.   시트에 얼룩이 있습니다.

Hay un insecto en la habitación.   방에 벌레가 있습니다.

방이 ~합니다
La habitación está ~

'La habitación está ~'는 방의 상태에 대해 말할 때 '방이 ~합니다'의 의미인 패턴 표현입니다.

패턴 구조	La habitación está ~	방이 ~합니다

패턴 연습	La habitación está **fría**.	방이 춥습니다.
	La habitación está **sucia**.	방이 더럽습니다.
	La habitación está **caliente**.	방이 덥습니다.
	La habitación está **húmeda**.	방이 습합니다.

회화 연습

A: Quiero cambiar de habitación.

B: ¿Tiene algún problema?

A: La habitación está húmeda.

B: Voy a resolverlo ahora mismo.

A: 방을 바꾸고 싶습니다.

B: 무슨 문제라도 있나요?

A: 방이 습해요.

B: 지금 바로 제가 해결하겠습니다.

선생님 한마디

일시적인 방의 상태가 아닌 본질적인 방의 구조를 말할 때는 'ser 동사'로 표현합니다.

⑩ La habitación es grande.
방이 크다.

새단어

sucio/a 더러운
caliente 더운
húmedo/a 습한

응용 패턴

La habitación es ~ : 방이 ~합니다

La habitación es **ancha**.   방이 넓습니다.

La habitación es **estrecha**.   방이 좁습니다.

Pattern 5

언제 ~할 수 있나요?

¿Cuándo se puede ~?

패턴·회화 연습 듣기

🎧 MP3 149

체크인이나 체크아웃 또는 호텔 시설 이용이 가능한 시점을 물을 때 '언제 ~할 수 있나요?'를 의미하는 '¿Cuándo se puede ~?' 패턴을 활용합니다.

· 패턴 구조 ·

¿Cuándo se puede + 동사원형? 언제 ~할 수 있나요?

· 패턴 연습 ·

¿Cuándo se puede **desayunar**?	언제 아침 식사를 할 수 있나요?
¿Cuándo se puede **hacer el check-in**?	언제 체크인할 수 있나요?
¿Cuándo se puede **hacer el check-out**?	언제 체크아웃할 수 있나요?
¿Cuándo se puede **utilizar el ascensor**?	언제 엘리베이터를 이용할 수 있나요?

· 회화 연습 ·

A: Aquí tiene sus llaves.

B: ¿Cuándo se puede hacer el check-in?

A: Se puede hacer a la una.

B: Vale.

A: 열쇠는 여기 있습니다.

B: 언제 체크인할 수 있나요?

A: 1시에 하실 수 있습니다.

B: 알겠습니다.

선생님 한마디

일반적으로 정해진 시간에 맞춰 무언가를 이용할 수 있다는 것을 전제로 하고 묻는 표현이므로 동사 앞에 무인칭의 의미인 'se'를 붙입니다.

· 응용 패턴 ·

¿Dónde se puede ~? : 어디에서 ~을 할 수 있나요?

¿Dónde se puede **desayunar**?	어디에서 아침 식사를 할 수 있나요?
¿Dónde se puede **lavar la ropa**?	어디에서 세탁을 할 수 있나요?

20장

여행하기

여행지를 추천받고 싶거나 여행 중 분실이나 도난 등의 돌발 상황이 일어났을 때, 예약 방법 등을 묻고 싶을 때 활용할 수 있는 패턴 표현들을 학습해 보세요. '핵심 어휘'도 함께 공부하면 패턴 학습이 훨씬 쉬워집니다.

• 여행

어휘	뜻	어휘	뜻
viaje	*m.* 여행	bus turístico	*m.* 관광버스
viajar	여행 가다	agencia de viajes	*f.* 여행사
recorrido	*m.* 투어	guía	*m.f.* 가이드
temporada alta	*f.* 성수기	temporada baja	*f.* 비수기
zona turística	*f.* 관광지	audioguía	*f.* 오디오 가이드
itinerario	*m.* 일정	paisaje	*m.* 풍경, 경치
recuerdo	*m.* 기념품	viaje organizado	*m.* 패키지여행
producto típico	*m.* 특산품	viaje con mochila	*m.* 배낭여행
visitante	*m.f.* 방문객	folleto	*m.* 팸플릿 (안내서)

• 여행지

어휘	뜻	어휘	뜻
montaña	*f.* 산	monumento	*m.* 기념비
mar	*m.* 바다	museo	*m.* 박물관
playa	*f.* 해변	mirador	*m.* 전망대
isla	*f.* 섬	ruinas	*f.* 유적지

Pattern 1

~로 여행을 가고 싶어요

Quiero viajar a ~

패턴·회화 연습 듣기

🎧 MP3 150

'Quiero viajar a ~'는 내가 여행을 가고 싶은 나라 또는 도시를 말하고 싶을 때, '~로 여행을 가고 싶어요'라는 의미의 패턴 표현입니다.

· 패턴 구조 ·　Quiero viajar a + 명사　　　~로 여행을 가고 싶어요

· 패턴 연습 ·

Quiero viajar a España.　　　스페인으로 여행을 가고 싶어요.

Quiero viajar a México.　　　멕시코로 여행을 가고 싶어요.

Quiero viajar a Madrid.　　　마드리드로 여행을 가고 싶어요.

Quiero viajar a Barcelona.　　바르셀로나로 여행을 가고 싶어요.

· 회화 연습 ·

A: ¿Tienes algún plan para estas vacaciones?

B: Quiero viajar al extranjero.

A: ¿A dónde quieres ir?

B: Quiero viajar a Cuba.

A: 너는 이번 휴가를 위한 계획이 있니?

B: 나는 해외로 여행을 가고 싶어.

A: 어디로 가고 싶은데?

B: 쿠바로 여행을 가고 싶어.

· 선생님 한마디 ·

'여행을 가다'라는 의미로 viajar 동사 외에 'ir de viaje'로도 표현할 수 있습니다.

📝 Quiero viajar a Madrid.
= Quiero ir de viaje a Madrid.
마드리드로 여행을 가고 싶어요.

· 응용 패턴 ·

> Me gustaría viajar a ~ : 나는 ~로 여행을 갔으면 좋겠다

Me gustaría viajar a Chile.　　저는 칠레로 여행을 갔으면 좋겠습니다.

Me gustaría viajar a Málaga.　저는 말라가로 여행을 갔으면 좋겠습니다.

Pattern 2

~한 곳이 있나요?

¿Hay algún lugar ~?

패턴·회화 연습 듣기

🎧 MP3 151

'¿Hay algún lugar ~?'는 원하는 장소를 찾을 때, '~한 곳이 있나요?'라는 의미의 패턴 표현입니다.

패턴 구조 ¿Hay algún lugar ~?　　~한 곳이 있나요?

패턴 연습

¿Hay algún lugar famoso?	유명한 곳이 있나요?
¿Hay algún lugar histórico?	역사적인 곳이 있나요?
¿Hay algún lugar atractivo?	매력적인 곳이 있나요?
¿Hay algún lugar hermoso?	아름다운 곳이 있나요?

회화 연습

A: ¿Hay algún lugar histórico?
B: Le recomiendo esta catedral.
A: ¿Es famosa?
B: Sí. Vale la pena visitarla.

A: 역사적인 곳이 있나요?
B: 이 성당을 추천해 드려요.
A: 유명한가요?
B: 네. 가볼 만한 가치가 있어요.

선생님 한마디

1. 'alguno'는 '어느/어떤'의 뜻을 가진 형용사로, 남성 단수 명사 앞에 위치하면 'algún'으로 형태가 변합니다.

2. 장소를 뜻하는 단어로 'lugar' 외에 'sitio'도 있습니다.

새 단어

histórico/a 역사적인
atractivo/a 매력적인
vale la pena ~
　~할 만한 가치가 있다

응용 패턴

¿Hay algún sitio ~? : ~한 곳이 있나요?

¿Hay algún sitio seguro?　　안전한 곳이 있나요?
¿Hay algún sitio interesante?　　재미있는 곳이 있나요?

~을 추천해 주실 수 있나요?

¿Podría recomendarme ~?

패턴·회화 연습 듣기

🎧 MP3 152

'¿Podría recomendarme ~?'는 식당이나 호텔, 관광지 등을 추천해 달라고 말할 때, '~을 추천해 주실 수 있나요?' 라는 의미의 패턴 표현입니다.

패턴 구조 ¿Podría recomendarme + 명사? ~을 추천해 주실 수 있나요?

패턴 연습 ¿Podría recomendarme un recuerdo?

기념품을 추천해 주실 수 있나요?

¿Podría recomendarme una comida típica?

특색 있는 음식을 추천해 주실 수 있나요?

¿Podría recomendarme un buen restaurante?

좋은 레스토랑을 추천해 주실 수 있나요?

회화 연습

A: ¿Podría recomendarme un buen hotel?

B: Le recomiendo el Hotel Luna.

A: ¿Está cerca de aquí?

B: Cinco minutos a pie.

A: 좋은 호텔을 추천해 주실 수 있나요?

B: 루나 호텔을 추천해 드릴게요.

A: 여기서 가깝나요?

B: 걸어서 5분입니다.

선생님 한마디

'~을/를 추천해 주세요'라고 표현 할 때는 'Recomiéndeme ~, por favor.'라고 말합니다.

🔊 Recomiéndeme un buen restaurante, por favor.
좋은 레스토랑을 추천해 주세요.

응용 패턴

¿Podría presentarme ~? : 저에게 ~을 소개해 주실 수 있나요?

¿Podría presentarme un buen guía?   저에게 좋은 가이드를 소개해 주실 수 있나요?

¿Podría presentarme un/a experto/a?   저에게 전문가를 소개해 주실 수 있나요?

Pattern 4

~을 어떻게 예약하나요?

¿Cómo se puede reservar ~?

패턴·회화 연습 듣기

🎧 MP3 153

'¿Cómo se puede reservar ~?'는 관광지의 여러 장소 또는 프로그램을 예약하는 방법에 대해 물을 때, '~을 어떻게 예약하나요?'라는 의미의 패턴 표현입니다.

· 패턴 구조 · ¿Cómo se puede reservar + 명사?   ~을 어떻게 예약하나요?

· 패턴 연습 · ¿Cómo se puede reservar una mesa?

테이블을 어떻게 예약하나요?

¿Cómo se puede reservar el recorrido?

투어를 어떻게 예약하나요?

¿Cómo se puede reservar el espectáculo?

공연을 어떻게 예약하나요?

· 회화 연습 ·

A: Sevilla es muy famosa por el flamenco.

B: ¿Cómo se puede reservar el espectáculo?

A: Se puede reservar por internet.

B: Muy sencillo.

A: 세비야는 플라멩코로 굉장히 유명해요.

B: 공연을 어떻게 예약하나요?

A: 인터넷을 통해서 할 수 있어요.

B: 간단하네요.

선 생 님 한 마 디

'예약하다'의 의미로 'reservar 동사' 외에 'hacer la reserva'로도 표현할 수 있습니다.

새 단 어

espectáculo *m.* 공연
sencillo/a 간단한

· 응용 패턴 ·

¿Dónde se puede reservar ~? : ~을 어디서 예약하나요?

¿Dónde se puede reservar una mesa?   테이블을 어디서 예약하나요?

¿Dónde se puede reservar el recorrido?   투어를 어디서 예약하나요?

Pattern 5

~을 잃어버렸어요

He perdido ~

패턴·회화 연습 듣기

🎧 MP3 154

'he perdido ~'는 무언가를 분실했을 때 사용하는 패턴 표현입니다. 여행 중 가장 흔하게 발생할 수 있는 돌발 상황에서 필요한 표현이므로 꼭 익혀 두세요.

· 패턴 구조 ·   He perdido + 명사   ~을 잃어버렸어요

· 패턴 연습 ·   He perdido **el móvil.**   휴대폰을 잃어버렸어요.

He perdido **la cartera.**   지갑을 잃어버렸어요.

He perdido **el pasaporte.**   여권을 잃어버렸어요.

He perdido **la tarjeta de crédito.**   신용카드를 잃어버렸어요.

· 회화 연습 ·

A: He perdido el móvil.

B: ¿Dónde lo ha perdido?

A: En el metro.

B: Vale. Rellene este formulario, por favor.

A: 휴대폰을 잃어버렸어요.

B: 어디서 잃어버리셨나요?

A: 지하철에서요.

B: 알겠습니다. 이 양식을 작성해 주세요.

· 선 생 님 한 마 디 ·

1. 길을 잃었을 경우에는 'Me he perdido.(저는 길을 잃었어요.)'로 표현합니다.

2. '휴대폰'은 스페인에서는 보통 'el móvil'라고 말하며, 중남미에서는 'el celular'라고 표현합니다.

· 새 단 어 ·

rellenar 작성하다, 기입하다
formulario *m.* 양식

· 응용 패턴 ·

 He perdido + 교통수단 : ~을 놓쳤어요

He perdido **el tren.**   기차를 놓쳤습니다.

He perdido **el avión.**   비행기를 놓쳤습니다.

기초 단어
익히기

■ 숫자(기수) número cardinal

0	cero	29	veintinueve
1	uno (un,una)	30	treinta
2	dos	31	treinta y uno (un,una)
3	tres	32	treinta y dos
4	cuatro	33	treinta y tres
5	cinco	34	treinta y cuatro
6	seis	35	treinta y cinco
7	siete	40	cuarenta
8	ocho	50	cincuenta
9	nueve	60	sesenta
10	diez	70	setenta
11	once	80	ochenta
12	doce	90	noventa
13	trece	100	cien
14	catorce	200	doscientos/as
15	quince	300	trescientos/as
16	dieciséis	400	cuatrocientos/as
17	diecisiete	500	quinientos/as
18	dieciocho	600	seiscientos/as
19	diecinueve	700	setecientos/as
20	veinte	800	ochocientos/as
21	veintiuno (veintiún, veintiuna)	900	novecientos/as
22	veintidós	1천	mil
23	veintitrés	1만	diez mil
24	veinticuatro	10만	cien mil
25	veinticinco	100만	un millón
26	veintiséis	1,000만	diez millones
27	veintisiete	1억	cien millones
28	veintiocho	10억	mil millones

■ 숫자(서수) número ordinal

첫 번째	primero/a	여섯 번째	sexto/a
두 번째	segundo/a	일곱 번째	séptimo/a
세 번째	tercero/a	여덟 번째	octavo/a
네 번째	cuarto/a	아홉 번째	noveno/a
다섯 번째	quinto/a	열 번째	décimo/a

* 서수는 주로 건물의 '층'을 표현할 때 쓰입니다. 스페인어에서는 '열 번째' 이후로는 보통 기수로 대체하여 씁니다.

■ 요일 días de la semana

월요일	화요일	수요일	목요일	금요일	토요일	일요일
lunes	martes	miércoles	jueves	viernes	sábado	domingo

■ 월 meses

1월	enero	7월	julio
2월	febrero	8월	agosto
3월	marzo	9월	septiembre
4월	abril	10월	octubre
5월	mayo	11월	noviembre
6월	junio	12월	diciembre

■ 기간 expresiones de tiempo

그저께	anteayer	주	semana
어제	ayer	주말	fin de semana
오늘	hoy	이번 주	esta semana
내일 / 아침	mañana	월	mes
내일 모레	pasado mañana	이번 달	este mes
하루 종일	todo el día	지난 달	mes pasado
매일	todos los días	연	año
오후	tarde	올해	este año
밤	noche	작년	año pasado

* mañana는 '내일'이라는 의미일 경우 '부사'로 쓰이고, '아침'이라는 의미일 경우 '명사'로 쓰입니다.

■ 직급 puesto

사장	jefe/a	매니저	director/a
직원	empleado/a	아르바이트	trabajo de medio tiempo

■ 전공 especialidad

예술학	Arte	문학	Literatura
법학	Derecho	수학	Matemáticas
언어학	Idiomas	의학	Medicina
정보학	Informática	사학	Historia

■ 가족 familia

할아버지	abuelo	숙부, 고모부, 이모부, 삼촌	tío
할머니	abuela	숙모, 고모, 이모	tía
조부모님	abuelos	남자 조카	sobrino
아버지	padre	여자 조카	sobrina
어머니	madre	남자 사촌	primo
부모님	padres	여자 사촌	prima
형제	hermano	손자	nieto
자매	hermana	손녀	nieta
아들	hijo	남편	esposo, marido
딸	hija	부인	esposa, mujer

■ 성격 carácter

적극적인	activo/a	게으른	perezoso/a
쾌활한	alegre	친절한	simpático/a
근면한	diligente	사교적인	sociable
관대한	generoso/a	소심한	tímido/a
영리한	inteligente	열심히 일하는	trabajador/a
낙천적인	optimista	부끄러워하는	vergonzoso/a

■ 장소 lugar

공원	parque	주방	cocina
학교	escuela	화장실	cuarto de baño
대학교	universidad	침실	dormitorio
집	casa	정원	jardín
사무실	oficina	거실	sala de estar
회사	empresa, compañía	복도	pasillo
지하철역	estación de metro	강의실	aula
수영장	piscina	도서관	biblioteca
쇼핑몰	centro comercial	경기장	estadio
영화관	cine	카페	cafetería
해변	playa	호텔	hotel

■ 취미 ocio

농구	baloncesto	음악을 듣다	escuchar música
축구	fútbol	영화관에 가다	ir al cine
영화	película	쇼핑을 가다	ir de compras
여행	viaje	독서하다	leer
춤추다	bailar	인터넷 서핑하다	navegar por Internet
노래하다	cantar	산책하다	pasear
수다를 떨다	charlar	친구들과 외출하다	salir con los amigos
요리하다	cocinar	피아노를 연주하다	tocar el piano
TV를 보다	ver la tele	기타를 연주하다	tocar la guitarra

■ 색깔 color

흰색	blanco/a	검은색	negro/a
빨간색	rojo/a	초록색	verde
파란색	azul	노란색	amarillo/a
주황색	anaranjado/a	베이지색	beige
밤색	marrón, café	보라색	violeta
분홍색	rosado/a	회색	gris

■ 날씨 clima

봄	primavera	태풍	tifón
여름	verano	폭풍	tormenta
가을	otoño	천둥	trueno
겨울	invierno	번개	relámpago
눈	nieve	장마	aguacero
비	lluvia	우박	granizo

■ 위치 preposiciones de lugar

~의 안에	dentro de~	위쪽에	arriba
~의 밖에	fuera de~	아래쪽에	abajo
~의 위에	sobre / encima de~	~의 주위에	alrededor de~
~의 아래에	debajo de~	~에서 가까이	cerca de~
~의 앞에	delante de~	~에서 멀리	lejos de~
~의 맞은편에	enfrente de~	~의 오른쪽에	a la derecha de~
~의 뒤에	detrás de~	~의 왼쪽에	a la izquierda de~
~ 바로 곁에	junto a~	A와 B 사이에	entre A y B
~의 옆에	al lado de~	~에	en

■ 교통수단 transportes públicos

지하철	metro	비행기	avión
버스	autobús	배	barco
택시	taxi	오토바이	motocicleta
자동차	coche	자전거	bicicleta